滇中水城 蔺乡易门

总顾问／张祖林
总策划／罗应光 饶南湖
主编／杨兴荣 杨洋
执行主编／普洪光
本卷主编／郭敏

云南出版集团
云南人民出版社

《文化玉溪》丛书编委会

总顾问：张祖林

总策划：罗应光　饶南湖

主　编：杨兴荣　杨　洋

执行主编：普洪光

副主编：孔施祥　龚紫山　周延平

总监制：李　维

监　制：江庆波

编　委：周　葵　矣顺文　王尚宁　钟长生　杨　雪　徐云松　陈晓静

易門

《文化玉溪·易门》

本卷编委会

本卷策划：马云峰　周龙武

本卷主编：郭　敏

本卷副主编：李美华　吴光祥

本卷执行主编：杞云峰　孙银龙　张　静　李金思

本卷撰稿：杞云峰　孙银龙　张　静　李金思　许　嘉　拔绍兴　陈贵华　孟晓琴　张国仙　马　玫　李翠仙　孙　斌　张庆成　侯　庆

本卷英文翻译：海世冰　何　佳

本卷插图设计：张志强

本卷摄影：施永强　陈　永　申进明　杞云峰　柏映泉　李　江　郭建林　马迎春　马成忠　孙银龙　潘　泉　崔永红　张本聪　尹发东　杨　磊　张　芸　罗京鹏　张国仙　李凤红　宋城春　李华海　金嫦洪　杨丽媛　张　静

本卷编务：李　俊　李翠仙　王仁杰

本卷顾问：李贵良　王友会　杨朝平　杨立波　沐德智　杨　学　许卫光　陈　勇

文化玉溪

YIMEN
THE CULTURAL ASPECTS OF YUXI

易門

图书在版编目（CIP）数据

文化玉溪·易门 / 郭敏主编. -- 昆明 : 云南人民出版社，2015.4

ISBN 978-7-222-12995-5

Ⅰ.①文… Ⅱ.①郭… Ⅲ.①文化史—易门县 Ⅳ.①K297.43

中国版本图书馆 CIP 数据核字 (2015) 第 062546 号

YIMEN THE CULTURAL ASPECTS

创意策划：云南出版集团公司产业发展部

出 品 人：刘大伟

责任编辑：文艺蓓 苏映华 刘 焰

设计总监：袁亚雄

装帧设计：云南非鳥文化傳播有限公司

责任校对：陈春梅

责任印制：洪中丽

【文化玉溪·易门】

主编：郭 敏

出版：云南出版集团 云南人民出版社 // **发行：**云南人民出版社

社址：昆明市环城西路 609 号 // **邮编：**650034

网址：http://ynpress.yunshow.com // **E-mail：**ynrms@sina.com

开本：787mm×1092mm 1/16 // **印张：**16.5 // **字数：**110 千

版次：2015 年 5 月第 1 版第 1 次印刷 // **印刷：**玉溪玉报印务有限责任公司

书号：ISBN 978-7-222-12995-5 // **定价：**59.00 元

如有图书质量与相关问题请与我社联系

审校部电话：0871-64164626 出版部电话：0871-64191534

总 序

聂耳故乡、生命摇篮——玉溪，是一座风光秀美、地灵人杰、文化独特的城市。

玉溪位于彩云之南、滇中腹地。东南与红河州相连，西北与楚雄州接壤，西南与普洱市交界，北部与昆明市为邻。昆（明）曼（谷）高速公路和泛亚铁路，像两条长长的游龙在玉溪的山水间穿越，市内四通八达的交通网络像经脉一样，连接着自然与人类、地域与认知、景色与情感，使玉溪成为通往东南亚、南亚的重要交通枢纽。玉溪独特的区位，波状起伏的高原地貌，立体温润的气候，像一双无形的手，把巍峨连绵的群山、逶迤清澈的溪流、毗连成群的湖泊安放在1.5万平方千米的大地上，成就了一幅气势磅礴、美丽绝伦的山水画卷。千百年来，勤劳智慧的玉溪人民，在“画”中播种着希望，收获着幸福，创造着多姿多彩的地域文化。这些文化星罗棋布，在这块神奇的土地上大放异彩，于是玉溪的山有了血脉，水有了情怀，人敢于担当，文化有了个性。

玉溪的山有血脉。5.3亿年前的古生物化石，是“生命的开始之地”、世界级自然遗产——澄江帽天山的血脉；以牛虎铜案为代表的青铜文化，是古滇国的核心区、国家级文物保护单位——江川李家山的血脉；记录古今文人墨客足迹、抒发政治家豪情、充满人生哲理的匾联文化，是秀甲南滇的通海秀山的血脉；在密林深处延伸着青春梦想的茶马古道、元江哈尼人雕刻在云里雾里的那诺梯田，用婀娜多姿的舞蹈和华美的服饰再现着古滇王国辉煌的花腰傣民俗文化，是新平戛洒自西北向东南一泻千里的哀牢山的血脉。山有了血脉，就有了生命、有了魅力！

玉溪的水有情怀。高远、包容、厚重是玉溪水的情怀。玉溪是一座潭泉、湖泊拥抱着的城市。这里溪流纵横、蜿蜒前行，滋润着万顷田畴，最后汇成南盘江和元江而奔向远方的大海；这里湖泊成群，抚仙湖、星云湖、杞麓湖和东风水库、飞井海、碧湖、玉湖等自然之湖和人工之湖像明珠一样在滇中大地闪烁着耀眼的光华。以清澈（Ⅰ类水质）、深邃、厚重、美丽为特质的抚仙湖蓄水量就有206.2亿立方米，占全国淡水湖泊的近1/10、占云南省九大高原湖泊的67%，是滇池的12倍、洱海的6倍。而且抚仙湖千百年来还守护着一段在地平面消失了的古城秘密，中央电视台两次水下探秘，也未能揭开水下古城神秘的面纱。玉溪水的特质，是玉溪人所具有的高远、包容、厚重精神的自然呈现。

玉溪的人敢担当。千百年来，在风云际会的历史舞台上，活跃着玉溪籍风流人物的身影。“军政双全”的三国蜀臣李恢、直言敢谏的明代言官王元翰、一生忠义的明朝大学士雷跃龙、政绩卓著的清代名臣赵士麟等，他们凭着一腔热情和担当名垂史册。禁烟运动的思想先驱朱嶟，冒着被贬的风险举荐林则徐，成就了虎门销烟的壮举。辛亥革命的枪炮声中打出的罗佩金、李鸿祥、谢汝翼、郑开文等玉溪籍将军群，在“重九起义”、援川、西征等战斗中建立功勋。在最危险的时候，聂耳谱写出时代最强音《义勇军进行曲》的旋律，发出中华民族最后的吼声。“滇军完人”唐淮源在中条山战役中率领将士抒写抗战史上最悲壮的一页。他们的民族气节惊天地、泣鬼神，他们的精神激励着一代又一代中华儿女，冒着敌人的炮火前进！还有落笔惊风雨的草书大家阚祯兆、钩摹勒石撰法帖的书画大家周於礼、文化交流的友好使者纳忠和纳训、主持翻译出版《资本论》的郑易里、缔造白药传奇的曲焕章，他们用知识和智慧造福人类，用心血和创造抒写灿烂人生。今天的玉溪人，血管里涌动着先辈的血液，正以敢为天下先的精神奋力前行，创造了“红塔山”奇迹，使玉溪戴上了“中国十佳休闲宜居生态城市”“国家园林城市”“国家卫生城市”“十佳和谐发展城市”“中国特色魅力城市”等桂冠，玉溪近十年就为国家和云南省上缴税收两千多亿元。

玉溪的文化有个性。玉溪是美丽中国版图中的一个部分，玉溪文化是中华文化这个母体中孕育发展的区域文化。长期以来，玉溪文化在传承本土文化中发展、在吸纳中原文化和其他文化中创新，自然与中华文化血肉相连，承载着中华文化的基因，呈现着多元文化的特质。但由于地理环境、历史人文、经济政治条件等方面的差异，玉溪文化在几千年历史文化积淀的基础上，也形成了自己的个性。玉溪的奇山秀水和万顷田畴就是这种文化个性形成的自然基础，像星星一样闪烁着光华的文物古迹就是这种文化个性的历史结晶，多姿多彩的民族风情就是这种文化个性的风俗再现，美丽的乡村、亮丽的城镇就是这种文化个性的时代见证。从微观看，玉溪文化的个性就是元江的它克崖画，就是玉溪人崴天下的花灯，就是玉溪窑烧出的一件件青花瓷器，就是世界上历时最长的节日——玉溪米线节。一句话，玉溪文化的个性就是千百年来玉溪人血液里流动着的敢为人先的精神气质！

玉溪文化的个性需要挖掘、需要审视、需要梳理、需要再现。“文化玉溪”丛书采用“1+9”的结构，即以一个综合卷为概览，综合介绍全市最精彩的文化现象。九个县区分卷，则分别介绍各县区的文化特色。“文化玉溪”丛书力图用历史

的眼光，从文化的视角，对玉溪文化进行挖掘、梳理和审视，并用文化散文的形式，图文并茂地再现玉溪文化的精彩和个性。“文化玉溪”丛书的编辑出版，对于传承玉溪历史文明成果，促进玉溪文化繁荣，提升玉溪知名度，增强玉溪人的自豪感，助推玉溪在实现中华民族伟大复兴“中国梦”的征程中谱写新的篇章，必将发挥特有的作用。

目录

南門
魁閣
護城河
倉房
南門

千年水城荡漾出的水纹图案

缓缓升起在滇中高原西部的易门地理，引领我们穿越众多地质纪年，回到了人类诞生的前夜。此时，沉睡在幽暗海洋深渊的滇中昆阳海槽被伟大的宇宙力唤醒，地层出现了。滚烫的岩浆开始入侵，康滇地轴形成了。地层在同样伟大的造山神力中扭动、上升、下降、隆起、漂移……众水退去，山峦叠起，日月星辰的光辉开始在这片地理上孵化生命，人类生活的原址出现了——道路出现了，村庄出现了，城市出现了，古老的制陶术、炼金术在火光中一再闪现，仿佛来自天籁的佛陀妙音弥漫了人类生活的漫漫轨迹。

水的意向造就的城池

城，意味着人类文明的繁荣。当水成为一座城池的灵魂，那些山水哲学的智慧和人文情怀的温暖便随着水波荡来。

云南红土高原，泉水对人们的生活影响至深，往往一眼泉水，就能养育一方人，甚至她还是一条河的源头。

易门是山区县，又处在长江水系与红河水系的分水岭上，县内两条河流都在低处，都从县境边缘流过，泉水就成了生产、生活的主要来源，泉的名称也往往与龙相关，如大龙口、双龙潭、黑龙潭、小龙口等。有一泉眼，传说是一个道士捏蜡成龙，放在此地，出水为潭，因名蜡龙潭。可见泉水在人们心中有很重的分量。

大龙泉滋养了一方生民，造就了一方福地，易门佳水甘泉，以此处最为名盛。

大龙泉，易门人俗称大龙口。从县城西行里许，在北、西、南三山鼎立之处，西山脚下，天生幽然一洞，洞中涌出一泉，常年丰盈，这就是大龙口，没有生在名山，也没有诗意的名称，却自有神奇，关乎一地的生存。

《续修易门县志》这样记载：泉自洞中涌出，幽深莫测。有好事者燃炬寻其源，离奇万状，竟日走穷其所。宋时，有蛟起洞中，内有犀牛一只，不时出没，人皆见之。山水相依，泉水出山后，汇泉潭细流，绕县城过以屯以营以所称呼的诸村，由西向东漂去，淌过易门坝子，流入扒河，人们称之为龙泉河。易门坝子在四围青山中，平畴万亩，是易门县内最大的坝子，中间龟山、迎春山等几座小山突兀，使整个坝子断续相连，仿佛有人以园林手法着意为之，显得有彰有隐，龙泉河依坝子西高东低之势纵贯其中，在她的滋养下，易门坝子成为一块清幽秀雅的迷人之地。

原始的龙泉河天然、野性，她恣意地在坝子的草滩、绿地间流淌，抛撒下许多的河汊、水塘，整个坝子形成了很多的沼泽地。水草、杂树在这里疯长，数不清的生物在这里觅食，在草丛里安家，芦苇丛边，鹭鸶迈着长长的脚在水边悠

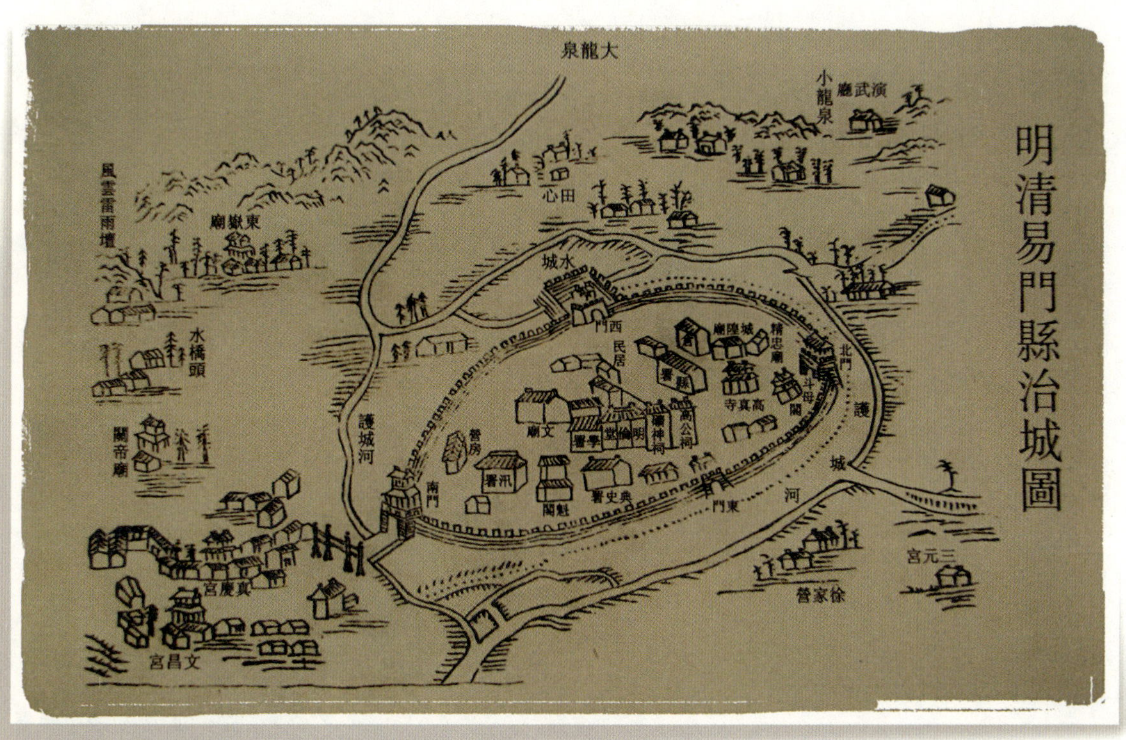

明清易门县治城图

闲漫步。白云可能是留恋那块有自己容颜的水面，她们久久不肯离开，直到水面迷蒙的雾气升腾起来与之相连。地方文献说：易门，古称仙源。这也许就是易门坝子的烟雨朦胧所形成的景象。千年以前，“编发、随畜迁徙”的先民并没有踏进这片泽国，人们往往依山或择高地而居，或在四周的青山、山间河谷地带居住下来。易门，这块在汉武帝开边时属益州二十四县之双柏县管辖的地方，一直是块神秘的乐土。从武帝元封二年（公元前109年）至隋亡的七百多年间，史籍中只有《三国志》（卷四十五·蜀书十五·邓张宗杨传）提到何双其人：“字汉偶，滑稽谈笑，有淳于髡、东方朔之风。为双柏长。早卒。”此外，浩瀚的史籍中再难寻找到有关易门的其他记载。唐代，这里为乌蛮居住的地方，虽然一段时间内设立了唐封县，但仅仅是挂名而已，除显示大唐恩威外并没有进行过行政上的治理。那时，这是一块各民族在迁徙中时常光顾的地方。除彝族居住在马头山外，傣族、哈尼族也在扒河河谷、绿汁江边居住，大谷厂、禹石沙、摆衣村等地曾经是傣族祖先居住过的地方。

宋朝的时候，当大理权臣高智昇站在鄯阐（今昆明）戍边所建的阏依土城（在今易门小街）上，他向南望群山云霞灿烂，天地氤氲气象，仿佛看到那晴朗的天空下，也流动着一汪蔚蓝，仿佛听到那水在大地上潺潺流淌，哗哗地唱着生命不息的歌曲，弹拨着悦人的乐调，在心里至柔至润，使他十分向往那块静谧的乐土，“仙源”之地。《续修易门县志》记载：段氏命高智昇泊鄯阐，奄而有之，使高福世守其地。高氏看中并占有了这块土地，并在这里建立了洟源城，这是易门建城邑的开始。有人认为城就建在今天的龟山上。《云南古代民族史略》认为，这表明封建领主已经占有易门。或许，那时高氏从南边顺山脊小心翼翼地来到现今的龟山顶时，眺望远山如象如狮、如旗如灯笼，龟山在水泽和迷雾的

大龙口奔涌而来的水注入了一个城市的灵魂

九龙吐水

包围之中，他就像站立在一个大龟的背上，遂看中这块很有灵气的地方。据说高福后来“漂泊洟山之外”，就是以这里为老来安居之所。因此，我们从另外一个角度看，高氏后来对这块土地情有独钟，不存在失意得意，这块天地，就是他心中的佳人。

蒙古人来后，于元世祖至元四年(1267 年)在易门建立洟门千户所。后来，元朝建立行省制度，在至元十二年(1275年)，因“县西有泉曰洟源，改为易门县”。从此，易门作为县名，沿用至今。清云南学者檀萃说彝语称水为“洟”（音如一），据此再考证本地彝族语音，洟源的意思就是出大水处，也就是大龙泉，易门是洟源的汉语转音（洟源也说应为洟末）。也有人对易门一说提出了自己的见解，《续修易门县志》载有清时本县周开元《洟门说》一文，其中就认为易门：因龟命义，故曰“易”也。而必言门者，乾坤为易之体，坎离为易之用，震兑为易之门。易门之洟水出于兑位，龟

❶ 沧浪之水

❷ 龙泉之水滋养梅营千亩池荷

❸ 缥碧之水

山居于震位。兑，阴也，水动也，阴动则阴中而具阳。震，阳也，山静也，阳静则阳内而生阴。阴阳既济，动静互根，千变万化，由是出焉。故易“洟门”为“易门”者，取义深而为道大也。无论哪种说法，易门，都是一个与大龙口水密不可分的名称，可谓是县因水名。

元朝时，设兵营（洟门千户所）在龟山（今城山）。明洪武二十四年（1391 年），明政府在易门驻军屯垦，军队在龟山建所城，军民一起筑城墙，周围二里三分三十一步，立东南西北四道城门，上建城楼，依山势引龙泉水绕城山，巧妙地建成了一道护城河。从元到明中期，行政机关和军事机构不仅各自为政，并且不在同一个地点。元朝时，治所在南庄，由地方势力王氏控制。某位酋长死后，可能是因为儿子还小，发生内乱，酋长妻就抱着儿子怀揣大印到了今天的旧县。旧县北面倚靠娘当山，该山志书称为智勇山，土名娘当山。名称由来的一种说法是因该山峰峦峭削，须仰视，所以得名。另一种说法是因为酋长妻到达这里时，怀中儿子啼哭不停，母亲就安慰说“别怕，天大的事，有娘挡着”。后来在这里安顿下来后，就称此山为娘当山了。明初，在娘当山南麓建立县城。明中期以后，社会矛盾加剧，各地纷纷爆发反明斗争，易门是较为激烈的地方之一，斗争断断续续长达百年之久。云南巡抚吕光洵、邹应龙都到易门进行过“剿平”事宜。万历二年（1574 年），邹应龙为彻底平定“荞甸贼乱”，采取在马头山顶立石柱，在马头东面摩崖“斩马山”等手段来对彝族人民进行打击和拉拢。又以扩修县城为名，制造了除毛杀死后的大白猪从娘当山跑到龟山的“神话”，诱骗与强制并用，把县署从娘当山迁到龟山，与治所同城，建学宫，立庙宇。龟山兴盛起来了，易门坝子也得到开发，成为易门的政治、经济和文化中心。龟山上的县衙，每至日落后，有赤霞一缕返照县治二堂，称为“龟山夕照”，为易门古代八景

1

2

3

之首。

龙泉水作为最重要的生产用水，随着生产发展和社会进步，在易门坝子开发的基础上被开发利用，其过程也是渐进和艰辛的，在民间还演变为充满传奇色彩的故事。民国时期，被誉为“滇南吴道子”的峨山画家董一道在其《滇土人物志》中绘有“彝族伟人”一

晨曦照耀下的龙泉河瀑布

图，就描绘了传说中的彝族普氏开凿大龙泉，扩大水源的传奇。而历史告诉我们：明初，刘伯温对大明百姓说："江南千条水，云贵万重山，五百年后看，有景胜江南。"朱元璋一声令下，数百万的子民翻越千山万水进入了云南。那些从柳树湾出发的军人、商人、百姓定居在有山有水的易门坝子

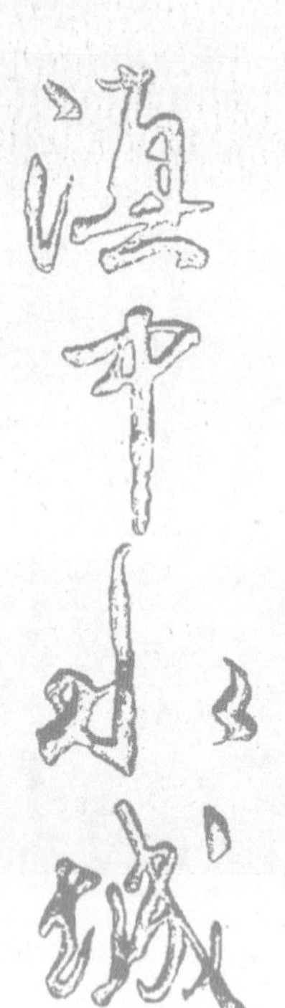

后，依照原有的习俗，续写着他们新的生存历史。根据地方史志的记载，明朝以后，随着移民的大量到来，屯田的开展，中原、江南大批移民定居易门坝子，形成了今天仍然还有痕迹，称为屯、营、所的地名。移民们带来了内地先进的生产技术，易门坝子随之得到开发，同时开始对龙泉水进行治理和利用。从明洪武到清中期，共修筑了五条沟渠、十座蓄水坝。其中，明万历二十三年（1595年），知县余惟璋在出水口不远处开挖南沟，分龙泉水灌溉南面田地，第二年又制定水规水法，勒石县衙等处示众遵守，有效地解决了水利纠纷，使龙泉水得到合理有序的利用，居功至伟，老百姓在梅营广积寺塑肖像时常祭祀。尔后，四周傍山田地、村落喜得龙泉水之利：近城一切军民皆资灌溉，其利高出万万。整个易门坝子深受其惠，水旱得到一定的调节。清乾隆二十九年（1764年），山东诸城李鹄任易门知县，任后两年，滇中连续大旱，易门因有龙泉水的灌溉而免遭其害，李鹄喜滋滋地写道："吾邑得泉，独获丰年。更迭沛霖，千斯仓而万斯箱。国史频书，大有崇得而报功，谁曰不宜援笔？"清时易门教谕李纯题诗道：劈开洞壑自鸿蒙，四壁嶙峋见化工。云拥碧岚千嶂合，石涵清泚一泉通。探奇不乏惊人句，望岁难忘润下功。南北分流禾麦穗，春秋享祀鼓逢逢。也道出了大龙口的形势和水的功效。此外，还利用水的落差建了很多的水碾，大大解决了舂米的辛劳。到民国时期，用龙泉水支水碾大约有三十处之多。还有梅营一带的百姓在沼泽中植藕，炎炎夏日，绿叶红花，气香目爽，夜晚蛙鸣阵阵、流萤飞舞。这，是否是迁徙之人的江南旧梦？

有水就有灵气，洁净如镜的龙泉水，映着蓝天白云的水，烟笼雾绕的水，把这里的动植物滋润得水灵灵的，充满生机，远远地，你就感觉到空气里也仿佛有水波动。

首得龙泉水灵气的是现今易门县城所在地龟山。到了清朝，经过长期的开发，易门县城周围山环水绕、平畴绿野、清泉绿树、烟村万家，景观很是迷人。西边水城之外，泉水涓涓，"种以萍藻妍，

向南北方延展出去的3100米的长廊，宛如龙的触须拥抱着滇中水城

莳以芙蓉美”。北门外，建有水坝，称为北门坝。东门外，引泉水凿池建利济亭。城南建有“其势矫然，其气蔚然”的大观楼。乾隆中期，易门坝子“（百姓）或比屋而居，或聚族而处，皆傍山依水，俨若图画”。栽插季节更是一派“平畴万亩色油油，野老栽秧妇子讴”的田园风光。地方志书所记载的早期八景中，与水有关的就占了四景，已消失的“长堤烟柳”“溪分燕尾”现在还流传在老一辈人口中。据说，人们在大板桥拦河筑坝，聚集四处流淌的河水，在坝子中段形成了一个较大的水坝，四周开垦出许多的水田。原南沟水和西南边泉水汇聚后，从中心街东端直入大板桥的河坝。水边道路是出入易门的通道，这里绿畴紫陌、长堤绵延、植柳万株、间杂以桃，每值冬春，长堤为晨雾笼罩，垂柳枝条于晨

雾中隐约可见，因而得名“长堤烟柳”。乾隆《易门县志》载：“三春之际，嫣红叠翠，烟景如画，时听黄鹂，沁人心目。人行堤上，似穿入柳条帘中，心旷神怡，仿佛身在画间。邑令姜其垓建坊于此，为行人送别之处。”清人作诗道：烟含翠柳几千条，连络平畴一望遥。短叶参差迷客骑，飞花零乱满征轺。癫狂不作随风舞，旖旎还同瑞雪飘。夹道依依垂两岸，青云有路任迁乔。易门籍欧声缉题诗：长堤近如何，郊原青未了。汩汩源泉活，芃芃禾稻早。柳色虽已稀，烟光犹袅袅。缓步小溪桥，闲思忽相扰。安得苏长公，一补昔年好。此景到民国后逐渐消失。大龙口外，余惟璋开南北沟处，被称为“溪分燕尾”，也是踏青的好去处，址在今龙泉公园入口处，原大龙泉流出之水到此即分为两岔，即南沟和北沟，两沟夹角约为三十度，其形酷似燕尾，将溪水一分为二，因而得名。乾隆

《易门县志》载：两岸芦苇，青葱掩映，松影虬枝，倒垂水际，春月游人，临流酌饮，沿溪上下，箫鼓为乐。此景在水库建成后消失。但不管怎样的变化，这块明代“地偏鸡犬隔仙乡”（杨升庵诗句）的地方，一直以来是士绅官宦、平民百姓时常光顾游览的地方，龙洞口上方一株梅花卧水，冬日花开，泉寒花香，称龙口泉香，至今犹存，引人入胜。到民国时，大龙口已被誉为“滇西第一名胜”。现在，大龙口建成为国家森林公园，正可谓园以泉成了。

龙泉水不仅滋润了易门坝子，而且与易门人民生产生活息息相关。除用于生产外，还用来酿酒、制豆豉，成为易门的名特产品。龙泉水对人们的生活也有着极大的影响。那时，县城及周围村落，凡受龙泉水之惠的地方，以会为行政单位，

夜幕下的滇中水城

分为一至十会，包括从城山到浦贝的地方，形成了与明朝保甲制度完全不同的行政区划。龙泉水哺育了易门人民，人们不仅爱护她，而且崇拜她、敬畏她。每年二月初二，各会根据用水的先后顺序，分年拿出钱财轮流举办庙会，在大龙口祭龙求雨，祈祷一年的风调雨顺，称为“会戏”。随着时间的推移，举办形式发生了变化，规模也在发展，“会戏”改称“戏会”。清雍正时，已有戏班到大龙泉唱戏的记载，逐渐形成了百年来延续不绝、具有浓郁地方色彩的大型民俗活动“二月二”戏会。遥想那时，早春二月，柳垂金丝、桃吐丹霞，县内及周边百姓，扶老携幼，熙熙攘攘，沿河而上，汇聚于大龙口，聚会、交易和娱乐，实乃一个地方人们喜闻乐道的盛事、乐事。

水助山色，居者有幸。山水是天地的文章，文章是胸中的山水，用心去品读，就能悟出其中的内涵与韵味，寻觅到与自己精神家园的相通之处，赞扬她并寄托自我情怀，表现出万般情态。大龙口水，出于青山，清流不息，纳涓涓细流而成江河，予人灌溉之便，一路向前，流归大海。她自有一种淡泊而又奋力向前的性情，人们的身心都已被其洗涤、净化。文人墨客、官宦游子借龙泉水的灵韵笔端生花，自消心中块垒。清道光中期在易门任知县的严廷珏和任教谕的潘安国均从不同的角度赞扬了龙泉水。潘安国在《游大龙泉》中写道：“共道兹泉多利泽，岂如无用无人识。我今不羡出山泉，酌饮山中聊自得。”严廷珏《龙口泉香》却道：“愿为霖雨慰苍生，自有香名四海倾。一树虬枝横卧处，出山泉比在山清。”严潘二人同时在易门为官，潘教谕重在山水品质，生活颇有老子出世之想。严知县却是一种积极的入世态度，具有儒家兼济天下的思想。两人咏泉赞水，表现出不同的生活情趣和态度。其实，无论居庙堂还是处江湖，不管穷达，只要有一颗平常之心，怀济世之情，就会有所作为。清雍正年间易门进士董良材，字济川，在贵州任职期间，廉明多惠政，因母亲去世，回乡守孝，期满后不再为官，在家乡广行善事，济世救民，他出资修筑老百姓以其字命名的济川

坝，至今仍在发挥着作用。乾隆时期的杨晓园，进京考试未中，回乡时从山东、江浙到湖北一路游历而“胸襟益浩浩落落”，为一时之俊杰，《续修易门县志》收录了他的传记。普通百姓，无论闲暇与否，跟喧嚣打个招呼，行走在龙泉河畔，呼吸她净化过的空气，醉看她浸润着的山水，呼朋唤友，放浪形骸，快意人生，或举家出游，其乐融融。在自家胸怀里，这方清流也会浸毓出空明的智慧与深情的浪漫，成就一番理想的人生。

世事沧桑，龙泉河景观因社会发展已经发生了巨大的变化。新中国成立后，易门人民在上游兴建了两个水库，解决了龙泉水水旱无时的状况；对下游河道进行了裁弯改直，河水从此畅通无阻。时至21世纪初，易门人民定生态立县之策，作好水文章，重修龙泉河，不仅重现风貌，更赋予了新的含义。一期工程刚一结束，仿佛仙境降落人间，出于自然，而又高出自然的水利工程使人们惊叹不已，易门县城以崭新的面貌呈现在人们眼前。无论是晴日的天光云影，还是夜色下的星汉摇落，徜徉其间，一切都使人恍如梦中。笑意写在脸上，充满幸福感的人们在龙泉文化广场上载歌载舞，幸福的歌声传遍四方，龙泉水在真正意义上实现了造福于民。

绿树村边合，青山郭外斜

明状元杨慎发现了“滇西第一名胜”

滇西第一名胜的风景在哪里被看见？明状元杨慎的漫漫长旅伸向了何方？沿着龙泉河的水岸，我们进入了大龙泉的秘境。

和汉武帝千里之外梦见彩云南现遣使寻至祥云的浪漫与执着一样，一位明状元的梦里、梦外也萦绕着一个美丽的蓝色水渊之梦：西南一隅滇西有“水城”，城西三山环抱，一水中流有龙洞，泉边梅香成影，一位貌似妻子黄娥的白衣仙女在泉边临风而舞……这位状元郎心中的蓝色水渊之梦在他坚实而轻快的步履之中变得诗意盎然，生出无尽的想象与期待来。

一位可爱的男人在“滚滚长江东逝水，浪花淘尽英雄”的无限感叹与豪迈间向我们信步走来，他就是明朝著名学者、文学家杨慎（1488—1559年），字用修，号升庵，四川新都人。杨慎24岁高中状元，任翰林院修撰。其为人物美风姿，性沉静详审，多才多艺，存诗2300多首，辑为《升庵集》。嘉靖三年（1524年），他因看不惯皇帝的荒诞不经，参与众臣“议大礼”而触怒皇帝被打了屁股，最后被谪戍云南保山，至死不得返乡。

寻梦的征途上充满了艰辛与执着。明嘉靖二十五年（1546年），杨慎骑着那匹陪伴着他在云南大地上默默游走的老马，与随行挚友简绍芳慕名踏进了溴源水城，终于开始了他的圆梦之旅。

易门，古称仙源，这是一个充满山水灵性，承载了千年龙泉水美丽传奇的滇中小城。在如诗如画的湖光山色中，杨慎仿佛看到了这样一幅动人的情景：明朝洪武年间，易门军民在龟山（今城山）挥汗如雨、酣歌如云，将一幅轻盈活泼的蓝色水城图浓墨重彩地铺展开来，万众军民引龙泉水绕城而过。自此，水城一词开始出现在易门的史卷之中，同时，它也悄悄地进入了明状元杨慎的视野。

站在龟山脚下的护城河边抬头仰望，一座依山而建的城池巍然耸立在一只“千年金龟”的背上，西门城楼上用大理石镌刻的“水城”二字在碧水蓝天下显得格外雄奇大气。站在龟山顶上极目远眺，绵延起伏的群山似长龙、似大象、似狮子、似骏马、似睡美人……它们静静地守护着这只躺在时光流年里酣然大睡的“千年金龟”，与那经久不息流淌的龙

泉水相守相望。不远处的田野之中，菜花金黄，小河弯弯，烟柳拂堤。自西入城的龙泉水在龟山脚下绕城而行，最后向东奔流而去。望着这“龟山夕照”（易门古八景之一）下的天光云影，听着水绕山城的泉声潺潺，杨慎不禁心头一颤：这不就是我梦中的水城么！

月影婆娑人沉醉，“龙口泉香”（易门古八景之一）入梦来。第二天一大清早，杨慎穿林拨雾，走村过桥，一路向西沿绿树成荫、鸟语花香的龙泉河踏梦而行，不一会儿便来到了乌龟山和瓢把山的箐脚下。左面的乌龟山临水一面峭壁林立，半山突兀而出的树木像一只只乌龟的脚，调皮地把脚伸进山脚下的小溪中浸洗。右面的瓢把山像一位静卧于松涛绿海之中刚刚苏醒的睡美人，步态轻盈、裙裾飞扬地来到一个叫作水榭的亭榭处对镜梳妆，观景小憩。溪分燕尾的景象在苇竹遍地、野花盛开的箐湾里泼洒开来。转过乌龟箐脚四十余米，古木遮蔽下年代久远的“月到风来亭”临风峭立。八角亭里的护栏和柱子庄重典雅，两层飞檐16个翘角迎风挺立。阵阵清风袭来，风铃声声。纤纤月影穿过乌龟山上的树林斜投到亭下的河水中，水面荡起层层清波，一种“月到林间投倩影，风来湖面荡清波”的怡人感觉顿时向杨慎袭来。

一路走去，南边奇险的乌龟山与西边挺拔俊秀的祭龙山和北边

❶ 春意盎然的龙泉之水

❷ 古戏台

幽静神秘的瓢把山鼎立耸峙、相依相伴，在朝花夕拾、涛起云飞的优美景致里默默地守望着祭龙山峭壁下汩汩流出的千古龙泉水。轻如薄纱似的云雾萦绕在山腰，依稀可以看见古木参天、藤蔓缠绕、亭台楼榭。茂林修竹间曲径通峭壁，一阵阵沁人心脾的梅香混合着泉水和泥土的气息迎面而来，远处不时传来的阵阵鸡鸣犬吠声和寺里僧人的木鱼声彼此应和着，此情此景让杨慎忘记了自己究竟是在梦里还是在梦外。

站在龙洞前临水观望，石壁高四十余米，洞口上方最宽处三丈左右，高约两丈，不时有一些惊飞的蝙蝠在洞口石壁处盘旋。清纯甘甜的龙泉水正是从石壁下的一个天然大溶洞中生生不息地奔涌而出。杨慎虔诚地用手轻轻捧了一口龙泉水含入口中，一种透心的凉与特有的甘甜顿时让他神清气爽，他随手青须一捋，不禁会心地笑了。杨慎深情凝望的目光落在了那潺潺流动的泉水之中，他想要轻轻地掀开“蓝色水渊之梦”的一角。

杨慎满心欢悦地执火迈入龙洞中。在入洞口不远处高大宽阔的一岔主洞里石笋、钟乳千姿百态。泉水从洞深百余米处一道形似铁锅的“石门槛儿”下阵阵涌出，杨慎静静地立

于“石门槛儿”前久久不愿归去。相传很早以前，易门坝子一片干涸荒芜，易门先人因寻水在祭龙山的溶洞里碰到过大蛇和白犀牛，是龙女化身为白犀牛和仙女白姑娘与勇敢的彝族小伙一起砸开铁锅，放出了龙泉水，解救了易门坝子。杨慎深情地凝望着那铁锅似的石壁和汩汩流出的龙泉水，他分明看见了貌似妻子黄娥的仙女白姑娘正在向他微笑、招手，热泪情不自禁地滴落在那一串串清泉之中。杨慎顺水返回龙洞口，右边一岔溶洞直入山腹，洞内窄小无水，他小心地匍匐而入，只见里面岔洞百出、石笋密布、钟乳剔透，石壁上长着许多嫩绿的苔藓。龙洞右侧的“一窍通天”洞体盘曲而上，勇者可拾级而上至龙洞上方的“大悲阁”。“真是一个‘洞天福地’的绝好去处！”杨慎不禁拍手赞叹。

明状元杨慎把酒临风，赏“卧梅临水”的岳阳楼

❶ 金石同心亭

❷ 始建于清道光年间的龙泉大寺

出龙洞口不远处的水月风松亭与岳阳楼默然相望、寂静相守。一株姿态秀美的古梅横卧水际，清澈的龙泉水流经其下，香气袭人。梅树上画眉鸟宛转动听的歌声引得池中在点点梅花的倒影里快活嬉戏的小鱼痴痴地想要游上树来。有古联描述此景为："鸟入波心鱼上树，风来水面月沉溪。"清赵藩的联似乎更加充满了禅意和人生况味："八角孤亭三面水，千年老树四时花。"在一片疏影横斜与泉声潺潺的朦胧诗意中，杨慎拿出那支心爱的白玉洞箫吹了起来，箫声里落了一地的感叹与绵绵思念，他再也抑制不住诗意的冲动，欣然赋诗并击掌而歌：

卧梅临水铁柯香，丛竹依篱碧玉长。
天渺山云窥洞色，地偏鸡犬隔仙乡。
冠霞彩阁通南斗，贴石寒流引上方。
龙武将军亦幽兴，笙歌锦瑟共壶觞。

杨慎三游大龙口时已届七十高龄，虽然他在诗作《游大龙泉（其三）》中留下了"重游寻醉墨，再纪亦明年"，表达了再游大龙泉的愿望，但之后却再也无缘重返这片山水。

大龙泉因有泉、有崖、有寺、有龙的古老传说而承载了众多人文情怀的诗意表达。据地方史籍记载，龙泉大寺清时已渐成规模，为一方游览之圣地。一副古联恰如其分地描述了大龙泉的迷人景致："地迴绝风尘数声鸡犬云中起，岩空藏庙宇半壁烟箩画里看。"南山悬崖下的龙泉大寺，占地1400平方米，房顶飞檐斗拱，门窗雕画精美，寺中供奉玉皇大帝和关圣等诸神和菩萨像。寺内花园里古茶树红霞似火，奇花异草争芳斗艳。高悬在南山峭崖上的迟云亭凌空而起，俯首可以鸟瞰龙泉公园全景。金色的亭瓦尖顶，三颗碧珠顶住一个宝瓶，瓦檐上镶着狮子，一位老翁骑着金鸡，天狗正

抬头仰望明月，这天狗望月的奇特景致伴随着崖下龙泉大寺传来的晨钟暮鼓，显得幽远神秘。一种“岩高云作伴，夜静月为灯”的意境立时升起，弥漫游人胸怀。

沿“之”字形石阶上祭龙山，山腰弥勒佛殿内一尊捧腹大笑的大肚弥勒佛回荡空谷的笑声荡尽了世间三千烦恼，西侧茂林藤蔓之中的大悲阁在佛音缥缈中缓缓升起，斗拱斜挑，朱壁黄瓦。善财童子和龙女恭敬地侍立在慈眉善目的千手千眼观音两侧，二龙缠柱戏宝珠，监斋和护法佛陀手持板斧、降魔杵威严与对，栩栩如生的罗汉们在神情专注地做法修行。上层阁楼上的妙庄王夫妇端坐高台凝神静听鸟儿欢鸣，崖下泉声潺潺。站在回廊上放眼望去，一条澄如

❶ 月到风来亭

❷ 赵朴初题龙泉大寺匾额

❷

❶ 舍身崖上迟云亭

❷ 静谧深幽的大龙泉山谷

碧玉的“带子”从大悲阁下的龙洞中玉袖广舒、飞舞而出。它欢笑着、歌唱着，越过丛林，跨过石桥，穿过亭台阁榭，在两岸青山的臂弯里一路东进，激情地投入美丽优雅的龙泉河，然后温柔娴静地融入水城。这大悲阁下汩汩涌出的清泉，不就是观音菩萨柳枝轻洒一挥间宝瓶中飞溅而出的圣水吗？

过精严具足阁蜿蜒西行约一千米，便来到了祭龙山西北侧一片古木参天、密林纵横的静谧之所——龙隐寺。气势雄伟、庄严肃穆的天王殿和大雄宝殿顺山势而上，寺内如来佛和各大天王塑像栩栩如生，经幡垂悬，香烟缭绕，迷离恍惚间，神态各异的五百罗汉似乎暗喻着人在世间必然经历的种种历练。

沿着祭龙山和瓢把山之间的狭长林荫小径折而向西南方继续寻访龙的踪迹，一路可见一棵棵高大挺拔的乳头冬青、昆明朴、楠木、榉木、金沙槭、滇润楠、红豆树、红梅、山茶茂盛生长，画眉、白鹇、锦鸡、黑翎椋鸟等众多鸟儿在密林中嬉闹歌唱，风声、泉声、鸟声、歌声此起彼伏，树影、花影、鸟影、人影交相辉映。“忽焉临风少焉临风月到风来清风明月三杯酒，智者乐水仁者乐山山环水绕流水高山一曲琴。”从古戏台传出的阵阵吟唱穿透密林声声入耳，一出人生悲欢离合的曲子从古至今传唱不已。

杨慎之后的大龙泉一再为文人墨客造访，三山环抱的幽僻之谷附着了无数雍容雅致的文化情怀。清乾隆年间易门进士董良材于大龙泉古戏台题写“水竞云迟”并赋诗：“别开洞壑绝尘埃，花片留香卧古梅。”进士周绂将大龙泉描绘成“桃源武陵山”，滇骑兵中将刘法坤题写“境拟平泉”，民国初年云南著名画家董一道在《古滇土人图志》中《彝族伟人》图上题注：“易门西山有大龙洞，风景绝佳，洵滇西第一名胜。”

静地乐土，传说中佛陀最早降临之地

梵音缭绕中升起的绿色帷幕，消融了
凡尘俗世间的一切喧嚣，万物静默如谜。

昆明以西五十余千米的易门县北部，在森林茂密的群山之中，有一座古刹，名叫静乐庵。在这里，每个人都会真切地体会到远古与清幽。

静乐庵坐落在三贤村后的山箐之中，过了牌坊，沿路便是一棵棵苍翠挺拔、浓绿如盖的柏树。顺路而上，喧嚣渐无，不知不觉进入了一个极为幽静而清凉的世界。山箐两旁，浓荫匝地，青藤虬枝，古木参天。如果不是山坡上时有微风吹过树梢发出的飒飒之声或者一两声清脆的鸟鸣，你便听不到其他任何声响。身处这样一个绿色夹杂着斑斑光影的静谧境地，心灵好像被清波洗过，耳朵也仿佛处于邈远的世界。

山路前面，两棵两个成年人才能合围的翠柏矗立路旁，甚觉威严。又过几个弯道，拾级而上，路的尽头，红墙黄瓦的寺门前，五棵翠柏前后不一地耸立着，像一把把擎天巨伞，遮掩着山门。靠前

在民间广为流传的以柏子入酒，夫妻同饮便可和好如初的传说，犹如漫山翠柏在人们心头摇曳

的两棵翠柏，就长在石阶之中。看着它那笔直粗壮且青白相间的斑驳树干，忍不住跟它来一次亲密拥抱，才发现我这样一个成年人根本揽不过来，那可是几十米高，活了八百多年的古木！这些老树，不仅调节了气候、涵养了水源，也养育着众多的生灵。这是自然之爱，令人尊敬。

雕梁画栋的山门建于清乾隆年间，在青山绿树的掩映下，显得雄伟壮观。门头横额书“云岩胜景”四个大字，左右小门横额又书“禅林”和“双柏”。门坊两侧有楹联一副：“双柏真景失尚遗子仁挺生坊下，八角抄塌复修还原凌飞庵寺前。”

带着虔诚的心，跨进这座幽静、肃穆的庵寺，才发觉这座坐东向西，依山而建的庵寺面积虽不大，却显得精巧庄严，散发着圣洁的灵光。

庭院的东面是大雄宝殿，那黄色琉璃瓦、金色的廊柱、雕镂鸟兽花木的格门，以及供台上慈眉善目、安详宁静的佛像，做工都精细考究，熠熠生辉，令人称奇。

庭院的西面是天王殿，南边是斋房，北边是禅房。整个庭院被殿宇围隔，而庵寺又被青翠的山岭和悬崖拱卫，如处摇篮之中。

大雄宝殿前，不时有游人香客在铁鼎香塔前焚香敬献。看着他们那叩拜的身姿、专注的表情、嚅动的唇齿以及鼎中袅袅的青烟，我也不禁加入香客的行列之中，对佛祖顶礼膜拜了。

庭院栽种着梅花、石榴和桂树。冬日，梅花凌霜盛开，暗香浮动。夏日，鲜红的石榴如一团团火焰挂垂枝头，点头含笑。秋天时节，丹桂飘香，金黄微红的金桂和淡白略黄的银桂竞相开放，密密匝匝缀满枝头，整座庭院香气弥散、沁人心脾。可以设想一下，在朝霞洒落庭院抑或余晖布满庵寺之际，四围青山绿屏，庙宇金碧辉煌，庭院花繁叶茂，香气四溢，德行高深的住持向信徒讲诵佛经，普度着蒙昧的心灵驶向光明、慈善的彼岸，年轻的僧侣把清冽的山泉浇洒到花木丛根，这是一幅何等安乐祥和的景象啊。

我来庵寺时正是冰雪消融、山花怒放的初春时节。推开北配殿后山墙小门，漫步花园内，细数着品种繁多、色彩斑斓的花木：兰花、芍药、牡丹、杜鹃、山茶、玫瑰……花间彩蝶纷飞、蜜蜂忙乱，我连忙用相机记录下这花的世界、虫的天堂、人的乐园。

园中有两株树龄两百多年的大茶花，长得老枝盘虬、花繁叶茂。那株红玛瑙红中带粉，花如碗口一般大小，每朵花有几簇金黄色花蕊，人称“九心十八瓣狮子头”。这棵童子面，花色深红，花瓣呈鳞状，层层外卷。两株大茶花竞相绽放，花朵数不胜数，远远看去，花团锦簇，犹如两朵红云飘落树冠，惹得游人驻足观花、不愿离去。真应了那句俗话：茶花朝佛不朝王。

❶ 佛泽庇佑，庭前梅花繁若星辰

❷ 修行之路如此静谧幽深

园外山崖下的放生池接纳了从山箐石隙间流来的两股泉水。步入池塘中央的“水上观音”亭，驻足赏景。池水清幽，微波粼粼，水中游鱼细虾、田螺螃蟹或浮动，或小憩，清晰可见。这是佛家的

❶大雄宝殿

❷赵朴初题静乐庵大雄宝殿匾额

❸无额碑

爱心，他们释放了生命，成全了这些可爱的小生灵。凭栏远眺，山箐外艳阳高照、田畴茫茫，景象生机勃勃，我更加体味到了静地乐土的深切内涵。

除了翠柏、茶花、桂树，静乐庵风景区还生长着名贵的黄杉、银杏和木樨榄。如果说红杜鹃是春季满山遍野的常客，那么盛夏时节随处可见的那一蓬蓬花朵硕大的白杜鹃，完全可以用众多天使降临来形容。这一切景致都跟易门地处中亚热带季风气候，干湿季节分明和静乐庵风景区地处 1500 米至 1700 米的海拔相关。宜人的气候，以及人们由来已久的封山育林意识，成就了这温暖湿润、甘泉流淌、浓荫蔽日、鲜花盛开的秀美风景。

“姚陵二乡静乐庵，刱自西汉，重建于唐。”抚摸着静乐庵镇庵之宝——“无额碑”，久远的文字传递出静乐庵的历史积淀和深厚内涵。传说禅宗第二祖慧可法师拜达摩为师后，在中原传教，后云游南方，曾来到此地，在现在的静乐庵大雄宝殿后的土台上建小庙，第一次开了山门，慧可便成了静乐庵的开山祖师。

传说归传说，但静乐庵有着悠久的历史却是不争的事实。明崇祯六年（1633 年），十王殿增塑甘露王和引路王像，清乾隆三十五年（1770 年），重建大雄宝殿。

清雍正年间的一天，一个官员模样的人带着少许亲信来到静乐庵，受到住持的殷勤接待。此人便是易门进士董良材，在贵州都匀府做官，回乡丁忧，寄宿于此。住持引董良材参拜佛像，董良材听说佛像是泥塑的，当时便召集地方乡绅一起募捐银两，铸大小铜像百余尊，分别安放在大雄宝殿和十王殿内。在众多的佛像器物中，有一座两尺多高的六角重檐鎏金宝塔制作工艺最为精湛，瓦楞、瓦沟，小窗、佛龛清晰可辨，龛内佛像形态各异，最顶层的佛像仅有拇指大，却五官分明。董良材还题写了“十八罗汉拜观音”七个烫金大字挂于十王殿。百余尊铜像器物置于殿内，耀眼夺目，加之董良材题写的匾额楹联，静乐庵一度声名远扬，许多佛门弟子及四方游人纷至沓来，进香朝拜、赞叹不已。

“庭有二柏，顶合如盖，左柏六抱有余，右柏几至八抱。八抱之柏，逢春结子繁盛，谓之母柏。夫妇反目者祷之，掇交枝少许，浸酒合饮，复皆如初，四方祷求不绝。往来其地者，莫不瞻仰。”听着94岁高龄的静乐庵第十四代住持贤福大师背诵着碑文的时候，我的思绪仿佛回到了清朝道光年间，跟碑文撰写人安宁州刺史方琮一起梦游静乐庵。那时的庵寺，生长着两棵树龄已达千年的翠柏，夫妻不和，摘几片交合之叶泡酒，夫妻合饮之后，便和好如初。这是一个何等诱人的济世良方。可以想象，在悠悠的漫长岁月中，在这两棵巨型古柏下，有多少来自易门、禄丰、安宁、罗茨等四方八路的

静乐庵纪念“8·3”鲁甸地震遇难同胞法会

❶ 两百多岁的“九心十八瓣”狮子头古茶花

❷云岩胜景

信众，带着焦虑复杂的心态或祷告、或拾缀，祈求一段美好姻缘。也不知成就了多少对和顺夫妻，成全了多少个和谐美满的家庭。

清光绪年间，两株古柏历经沧桑憔悴而亡后，住持与地方士绅商量将其解板出售作为修葺寺院的资金。据当地老人们说，锯断后的两株古柏截面，每块都有一间禅房那样宽大。

民国十七年（1928 年），云南省主席龙云到静乐庵游览，拨款 600 元做修缮经费。20 世纪三四十年代，昆明佛教协会翠湖海心田的著名法师李净和宏禅多次到静乐庵讲经说法。

历史上的静乐庵曾有山林千亩，三百多亩良田，每年收租的谷物三百余石。农历初一和十五是热闹的庙会。祖师像前的五大牌位依序记录有寺庵开山门后圆寂的五百多个僧侣的名字。大雄宝殿东南方向的山岭上现存的七十多冢和尚坟是他们最后的辉煌。

僧侣众多、香火盛旺的静乐庵在历史长河中一度衰落，庵内所有铜铸佛像器物失毁殆尽。徘徊在山寺门前苔藓弥漫的石阶上，环顾四周满目苍翠的绿色屏障，我试图寻找当年“双柏垂盖”的历史遗迹。贤福弟子照龙对我说，你想象不到吧，这五棵高大挺拔的翠柏就是当年的两棵巨型古柏的后代，是那两棵古柏的树籽掉落后慢慢长成的。我听了心中暗暗吃惊，不禁仰首，再次凝视这参天大树。它们的先辈历尽沧桑，千年来庇护着这一方净土，现在的它们正焕发生机，矗立于山间，是否昭示着一种生命的顽强与延续？

“隔断红尘老岁华，招来霜雪熙春霭。”经过贤福及弟子多年的艰苦努力，如今的静乐庵又恢复了生机，千年古刹得以重放光彩，又成了远近闻名的佛教圣地。

两块化石记忆的史前水世界

水，是什么时候漫上来的，又在什么时候退去？斑驳的石块中回旋着人类史前史的涛声万顷。

龙代表吉祥，鱼代表富裕。能让龙和鱼存活的地方，定是吉星高照的福瑞之地。

易门县位于云南滇中西部，处于滇中昆阳海槽之中，接受了近万米的海相沉积和海底古火山喷发沉积，形成昆阳群及震旦系下统澄江组地层。在1974年就大量发现了鱼和恐龙的化石，是仅次于享誉世界的禄丰恐龙化石群的第二个恐龙化石分布区，这样的发现，使“仙源圣地”这个词语变得生动传神起来。

山路是缔结村庄的藤蔓，一条弯弯曲曲的山路像青藤一样缠绕绵延的山体，谁也说不清楚它的根须在什么地方，或是它所延伸的尽头将在什么地方终止。就在这条藤上，东边一扭，结出一个南瓜一样的村庄；西边一斜，又长出了一片绿叶般神奇的村寨。于是，沿路而上，那些绕着口舌音，交

织着淳朴民意的村庄名字就会像山路上猝不及防的牛铃声清脆地跃入耳朵。十街、大腊主、脚家店、老吾、小腊主、占马田，这样的喊法，常会使人联想到老祖母手拄龙杖立于古老的黄连树下，轻声呼唤她远归的儿。可谁又会想到，这些串联起来的村庄名字居然像神奇的舍利子编织成的手链。早在 1987 年，这十平方千米的范围就被划入了易门县脚家店恐龙化石保护区。于是，史前的细节以复活的方式在这些珠粒间熠熠生辉，在历史的暗河里闪烁着夺目、神奇的光泽。

资料记载：十街乡脚家店恐龙化石距今一亿八千万年，代表一个重要的侏罗纪恐龙化石层，属“勺齿龙”食植龙类，在云南尚属首次发现。此后 1993 年 12 月再次发掘研究证实，除“勺齿”食植龙外，脚家店一带还有“食肉龙”。

老吾街，曾经是易新古道（易门到双柏）上的繁华街市

脚家店是一个有着四百多户人家的聚群村落，位于海拔 1640

❶ 柑橘基地

❷ 塔拉

米的山区，全村人以一口老井解决生活和人畜用水问题，水质清澈，井水随干湿两季晰出深浅。旱季的时候，学校和村委会到十千米外的占马田拉水补给。和其他山区村落一样，在这里，水和颗粒必收的粮食一样精贵。

脚家店面向东方而背对山体，每日清晨早起的农民或是扛着锄头，或是背着竹篓，或是挑着牛粪赶往那片构织在山林之间的田地时，太阳几乎是从她的眼皮之下跃然而起。因此，这里的日出宛如一幅平面的景观，就在伸手可以触及的地方，就可以触摸到云霞的温度以及弥漫在空气中的水分。第一缕阳光总是仁慈地抚摸着每一个农人的额头和肩臂，渐渐地深入他古铜色的脚踝，以及脚踝之下那片暗褐色的土地，村民的日子安静得如草叶间上的露珠悄无声息地滚落。

火红的太阳似乎只是一个匆忙的转身就到了山梁之后，剩下的一点余光，像姑娘拖地的裙纱，随着她缓缓的步伐悄悄远逝，最终被彻底收走。对于脚家店的黄昏来说，那是一只扑扑翅膀就归巢的鸟，快得简直令人有些措手不及。但这又如何呢，东山顶上的月亮很快就升了上来，柔和的光辉将眼前连绵的山体连成一片没有尽头的海洋，大地像母亲一样怀抱她的众多孩子，哀牢山系的子民们，像一条条恐龙崛起的身子，借助这条光线嵬然存活，或起伏或卧下，或蠕动或翻腾。面对这片安宁静谧的山林版图，面对那些屋檐下古铜色的脸庞，路上大摇大摆归家的羊群，面对栖息在刺蓬里贪睡的鸡和圈里悠然自得反刍的牛，谁会联想到，在一亿八千万年前，这里会是一个水陆交接的侏罗纪世界，大片的陆地和大片的海洋供养着人类地球史上的最初生命物种。

当我们渴望站在巨人的肩膀上，希望通过它的伟大和智慧去照耀我们的征途，去回望历史长河在这一路跋山涉水的过程中塑造着怎样的生命行程，站立于脚家店的村口位置，面对浩瀚的天空，拔地而起的林丛，远处裸裎的苍茫黄土，

你会缩身成一粒微小而薄弱的生命种子，在迎风飘扬的过程中寻找答案。

生命，最初以种子的方式出现，经过阳光雨露的滋润，汲取日月星辉的精华，经天地孕育，最终抽长出生命的雏形，再以其独有的方式存活，在循环中得以认可和饱满。植物的生存方式是根向下、芽向上，而生物的生存方式则是从出生到死亡。生命是短暂的，也是有限的，不断地更换和替补，一个物种在频繁的代谢过程中不知不觉地消失，又在不久的将来以一种新的方式出现，这就注定生命的长河永不停止、滚滚向前。

资料记载：恐龙分两栖动物、爬行动物、哺乳动物三大类，以往认定统属“蜥龙动物群”，易门脚家店恐龙化石群则属新发现的“勺齿龙动物群”，是比“蜥龙动物群”更进步的当今世界最完整的脊椎动物化石。通过恐龙化石研究，对地球演变、生物进化等都具有十分重要的意义。

当我们行走于阳光下，仓促的目光往往所能捕捉到的只是眼前匆忙的风景。一朵花在绽放和凋零之间能遇见多少目光，一个人在白云苍狗的岁月里能同多少朵花相遇，一滴雨水挣脱云朵的怀抱，在跌落的瞬间实现了怎样飞翔的梦想。对于这样的问题我们思谋过很多次，但总是没有答案。

生命最初的状态是什么样子，世界在遥远的过去经历着怎样沧海桑田的变换，发现过去的过程就是解谜和侦探的过程，具有神秘的指引又铺设了太多的未知。在遥远的侏罗纪世界没有任何可以供给记录的设备，甚至人类是否会平稳地诞生还是一个未知数，这就造成了我们没有任何历史的记载。而多数情况下，那些在亿年前就已经灭绝的生物体，留给我们的就只有化石而已，那一块块由骨骼演化而成的石头，经历亿年的演变后成为人类解答自己生命的唯一线索。科学家们就是从化石开始，把史前生物的各种特征和习性一点一滴地推测出来，借以拨开历史的烟云，解答生命的真相。

杨氏易门龙

现在，当我们站在脚家店村口，面对冥蓝的苍穹和苍茫的群

山，还原一个史前的世界。在一亿八千万年前的晚侏罗纪世界，这里覆盖着广袤的、茂密的森林，到处生长着红杉树，常有成群结队的“勺齿”食植龙在这里生存，它们享受着亘古不变的阳光，啃食着大片绿色的植物，到水边汲水解渴，在山体上挪动笨重的身子嬉戏或是打闹，侏罗纪公园里那些可爱而笨重的精灵在这里过着与世无争的日子。不时，会有食肉龙出现，他们在他们的小世界里依照自己的习性进行进攻和防守，懂得生存和保护，演绎着弱肉强食的真理。在亿万年后，当人类在战争的相互攻击和防守中，依旧可以捕捉到生物最初存活的雏形。可以想象，那是一个多么丰富而令人眼花缭乱的生物世界。

资料记载：1989—1993年，易门县人民政府组织有关部门进行部分抢救性发掘，共出土恐龙化石标本35大箱，重约3.5吨，包括颈椎、脊椎、尾椎、肩带、腰带及四肢骨化石，分属十余条，大者体长八米，小者一米多。

关于生命的答案，是全人类共同期待的话题。人的生命，诚如利希滕贝格所说，被分成两半，人们在前一半里向前望着后一半，在后一半里回头望着前一半。但存在着处于二者边界上的年月，在这里人既向前又向后望。他撕裂了过去，他浏览着将来。过去的过去了，将来还不确定，于是他就被迫返回到自身之中，探索他自已灵魂的奥秘。同时，不管他多么努力地想从世界中撤离，都仍听到了时代的浪潮经过他的头顶，以及远处宇宙海洋的喧哗声。他浸透了生命的悲情。

资料记载：脚家店恐龙化石，已复原两条，一条解省，列入标本，另一条陈列于龙泉公园的万圣龙宫中供游人观赏。1996 年元旦，另外修复的易门恐龙化石在玉溪展出，除省内外观众参观外，还有来自美国、加拿大、法国、澳大利亚、日本、韩国以及我国台湾、港澳的专家学者。此后易门恐龙化石又在江川、北京等地展览。1998 年 5~10 月，“易门恐龙”参与了由北京自然博物馆、中国科学院北京古生物所和云南省文化厅组织的“中国古动物展”在美国费城举办的国际恐龙博览会。1999 年 5 月，两条“易门恐龙”应美国利文斯顿市博物馆馆长默特的邀请，在该市展出半年，深受美国观众赞赏。这一片又一片古老的骨头，在经历上亿年的风雨之后，坚强地存留下来，为揭开生命的谜题起到了重要的作用，成为全人类共同关注的财富。

水与一切生命亲切相连，十街河处于云南两大典型干热河谷元江和元谋之间的过渡地带，河流自北向南缓缓而过，河谷深陷、高山耸立，在局部环流和焚风作用下，形成了日照长、气温高，蒸发量大大高于降水量的干热气候，它汇聚细小的支流，不断穿越阻隔，环绕群山，润泽大地。进入这里的人们很快感受到了扑面而来暖风的湿热，农民的收成和

赖以维生的农作物沿河两岸排列，水稻、玉米、小麦、烤烟，还有甘蔗等农作物像一块块镶嵌在蓝天之下的手帕，因为绚丽而显得多情，挂满豆角的塔拉宛如装扮精美的圣诞树迎风招摇，它们交织着、排列着，漫不经心地构织成美丽而壮观的图锦。

资料记载：“脚家店民人采石于山，得一石，赤而泽。剖之，中有三鱼，青石色焉，阴阳各半，鳞鳍宛然……”此古鱼化石的采集地与恐龙化石地同为脚家店山，证明此古鱼的生存年代与恐龙吻合。

阳光自盘古开天地之日起，就用诗意的目光打量着一滴水如何融入浪花，一粒尘埃如何随着风在大地上飞扬，温暖的光带在广袤的大地上无限延伸至地平线的尽头，穿过大地宽厚而仁慈的胸膛，最终在大地上将自我的热量化为绵延的感动。阳光，同样在一亿多年前见证过这样的一条鱼，它在宽阔的水域里舒展柔软的身体，任

1.8亿年前，杨氏易门龙在这里繁衍生息

温暖的流水滑过肌肤表面，在水的深处产卵并继续着繁衍后代的任务，用金色的鳍拍打千年的浪花。除了阳光，谁能记住它的那些柔情岁月，一度生命的消亡，原本以为一切已经终止，谁能想到在亿年之后，它居然以一种凝固的方式向已经淡忘的时间提起抗辩。

据说，一条鱼的记忆只有七秒钟的时间。

岁月会尘封一些记忆，同样，会尘封一些生命以及交织在生命中的故事。多数生命的存活往往比较轻盈，死去的重量轻如一只昆虫的骨灰。因此，活着只是一个短暂的过程，仿如正午到黄昏的时光，仿如一个人从小路这头走到那头所要经历的晴雨表，一眨眼再无迹可寻。

然而，正是这样一条鱼，在经过风雨的蚀化、沧桑的沉淀、流年的浸泡，最终，剔血肉为风尘，化骨为石，将生命

金秋十月，贾姑摆衣村的水稻丰收在望

以固体的方式存放于人间。在亿年之后，接受目光的瞻仰和生命的解体，从而，以一种陌生的方式构筑起新的生命个体。它古老的生命化神奇为不朽，在岁月里，吐出鱼世界新的语言和表达方式。

这样的一个日子，天宽、地阔、风静、树止。然而，在脚家店的黄昏，面对东方早早升起的月亮，我亲耳听一位老人讲述了这条鱼的故事，它的每一个细节令我感动。面对一条鱼，我的目光是湿润的，因为它反复让我触及了生命的本质和灵魂。

立于村口的位置，我看到了宽阔的土地在眼前翻涌，那些消逝于亿年前的生命个体奔忙着重新构筑他们的幸福家园。我听到了流动于世间永不停止的和谐与和平的主旋律再次唱响，远逝的生命尽情享用着他们的极乐世界。我看到了他们用最简单的方式将一粒种子植入土地，而我，在温暖的土地里得以萌芽和新生。

生命，再次开始。

❶ 收洋葱

❷ 春风吹过，十街河谷生机盎然

迢遥漫长的通京铜运驿道

驿道是帝国策马扬鞭的缰绳，当它揽紧，万千江河都归于宿命。

驿道，无疑是回溯到古老历史景象中去最适宜的秘径。人类栖居地的四周密布着触须似的驿道，寻到它们，穿过荒草和密林编织的樊笼，我们可以抵达任何古老历史遗梦的深处。就如此刻从大龙泉山麓林荫幽暗的迷障中历现出的“百磴坎儿”，风雨侵蚀后无限洗练的青石板和印迹模糊的马蹄印，如同一个经受过万千风雨吹打而幸存的老者，向我们叙述着年轻时候的鲜活记忆。沿着叙述向西行去，漫漫路途将拉开一场地理奇景的漫游，其间，我们将经历海拔1000余米到2300余米的上升，继而以蹦极方式陡降到海拔1067米江面的惊悚。我们还将与散发着遥远铜矿幽光的许多村落和地名相遇，在翻越了永靖哨、普子哨、亮山、竹子哨、起乍、牛尖山后，我们将进入绿汁江峡谷地带，到达被众多史册经久传颂的香树坡。此时，铜的符号便会穿透绿汁江岸的万千

驮运滇铜的马帮

屏障、掠开长年笼罩的茫茫雾障逼视到我们眼前，一场与山河一样壮阔的滇铜开采史记将在江河呼啸中盛大上演。

铜是最早融入人类发展史记的金属，其绚丽的光泽和稳定的个性显现出特殊的文化品质。假如最初相遇的不是铜，我们将重新叙述人类发展史。与云南铜最早出生在《汉书·地理志》不同，易门的铜散失了清代之前的所有记忆，上千年的历史记忆的缺失似无法再唤醒。易门铜所有的记忆都将从康熙二十一年（1682 年）铺开，但这似乎并不能削弱易门作为云南铜三大片区滇中片盛产地之盛誉。康熙二十一年（1682 年）发生了什么呢？严中平在《清代云南铜政考》中告诉我们："那时吴三桂之乱刚刚平定。云南这块贫瘠的地方，经过这八年的大乱，益发残破得不成样子，如何收拾善后，是一个很棘手的问题，而善后问题中，尤以兵饷的筹措最是急务。"兵饷的拖延或者缩减意味着可怕的兵变，局面初定的云南自然驻扎着很多的军队，这又意味着一笔不菲的开支。从中央或其他省份协济，又面临着崎岖道远，不能缓急应时。情急之下，云贵总督蔡毓荣想到了铜，滇省多铜的认识自汉代相传，若能就地开矿，设局铸币，便可解除兵饷之患。于是，他向康熙上了四条理财计策：广鼓铸，开矿藏，卖庄田，垦荒地。前二策揭开了云南"官治铜政"的历史，云南的铜在"广鼓铸，开矿藏"的鼓动下开始上演盛世大典。就这样，从震旦纪年代，甚至更为久远的年代便沉睡在绿汁江峡谷地层中的易门铜苏醒了，千年一梦醒来的铜将从滇中易门的地理上脱颖而出，走上命定的旅途，以其兴衰寂灭、跌宕起伏的命运，把绿汁江峡谷这片纵横百里、为万千屏障和滔滔江水所笼罩的铜的国度拉近到人类面前。

最早醒来的铜被一个名为香树坡的村庄发现。香树坡，一个诗意荡漾的名字，其名字来源于村头一棵巨大的香树，当太阳西沉的时候，巨大的香树的影子就沿着香树坡唯一的

古矿洞遗址

一条街徐徐蔓延，在光影迷乱中，我们可以看到正在卸下马鞍的和刚刚进入香树坡的马帮兴奋的身影，他们来自遥远的地界，他们追随着铜的财富之梦而来。站在香树坡客栈的窗户边，年轻的马锅头的目光很容易地就和狮山脚下奔腾不已的绿汁江水相遇，他此刻的内心也同样江水奔流，这是铜之梦诱引出来的奔流，他知道他的梦想近在咫尺，眼前身形巨大的狮山和凤山，其地层中埋藏着的财富之梦同样的巨大无边。

年轻的马锅头的眼里还出现了炼铜的大炉、皮炉和罩子炉，它们和西晒的太阳一样正在熊熊燃烧。这是康熙二十一年（1682 年）后的绿汁江岸，无以计数的炼铜炉子占据了绿汁江岸的大小滩涂，难以历数的财富之梦和色彩艳丽的铜矿石正在炉腔里经历着古老的火神的祭祀，来自古老制陶术的火的魔法将营造出一种变幻莫测的

小绿汁现代采矿坑道

❶ 深深的马蹄印迹，叙述着它曾经承载的铜的重量

❷ 易碍古道，记述了两百余年来京铜解运的漫漫风尘

还原性气氛，以持续高温的技巧为年轻的马锅头攫取属于铜的部分，当然也属于他梦想的部分。这个过程，我们称之为冶金。在年轻的马锅头眼里，香树坡的大炉弥漫着神秘的色彩。香树坡的大炉让他目睹了一火成铜的传奇，而且多是质量上乘的紫板铜。紫板铜投入蟹壳炉中再炼一次就是蟹壳铜，每一百斤紫板铜可炼成八十斤蟹壳铜，含铜纯度高达 90%，他知道，这是云南最好的铜。

年轻的马锅头的眼里飘来了渡船，这是太阳从绿汁江东岸照射过来的时候。绿汁江边无数的砂丁正在把一块块闪烁着黄金光芒的铜饼装船，满载着马锅头财富之梦的硕大木船将驶向绿汁江东岸的渡口——这个渡口数百年后将在史书中被我们读到，称为“香树坡厂渡”——散发着财富光芒的铜饼将在这里弃船登岸，搭乘马背，踏上先前出现在我们面前的漫漫驿道，开始栉风沐雨的马帮行程。此时已是道光二十年（1840 年），易门铜进入了最辉煌的时刻。易门县知县严廷珏撰文描绘了这种辉煌：“易门县兼督厂政，年办京局粤采额铜六十余万斤，其加办或数十百万斤不在此数，洵滇省近日之丰厂也。厂大著名者三：曰香树、曰万宝、曰义都。产矿之多，炉丁之众，以香树为最。”严廷珏接着向我们展现了一幅易门铜矿采冶的壮阔景象：“每当春夏之交，大雨时行，山水暴注，江流骤长数十丈，汪洋恣肆，势不可遏，往往历数日不能渡。厂地悬隔，江外支炉者、打尖者、负矿者、售柴炭者、贩油米者以及行商坐贾之有事斯厂者，熙熙而来，攘攘而往，日夕待渡不下数千百人。驮运铜斤之牛马骡驴，尤难数计……”（清《续修易门县志》）如此壮丽的采矿场景，恍如人类创世的原初。

如此壮丽的场景，不仅仅在香树坡能够被我们看见，如果我们准备好干粮、饮水，准备好驱赶豺狼和虎豹的猎枪，和一切开始一次探险所想象得到的物件，就可以任意跟随一

队出没在绿汁峡谷险滩、密林深箐中的马帮或行人，必将与铜相遇。道光《云南通志·铜政便览》告诉我们：义都厂，在县西南一百里地，地属临安府之嶍峨（峨山），乾隆二十三年（1758 年）年开采〔四十二年（1777 年）归易门县管〕，岁获铜自十数万至一百五六十万不等；万宝厂，在县西北五十里地，名杂栗树，今为万宝山，其脉甚远，环抱数十里，乾隆三十六年（1761 年）开办，定额铜三十万斤，实办二十七万一千五百斤。万宝厂炼铜炉火直冲云霄，数十里外的县城可以望见的壮景，至今仍在传颂。沿着绿汁江峡谷的经纬穿行，我们还将遇到更多的铜：寨子山厂、狮子山厂、马鹿铜厂、大潦塘、白石头、小尖山、新山、大红山、老煤山、牛肩山、凤山、小星洞、新洞、地宝洞、吉祥洞、白龙井……铜，远在数百年前就成了易门一个至关重要的文化符号。我们在感叹造山之神对这片地理的厚赐时，内心同样荡漾着对这片地理上先民的礼赞，易门的先民对铜的把握何其的生动！

❶ 散发着古老幽光的天然铜

❷ 取自绿汁江底的高品位铜矿石

让我们再度跟随着年轻的马锅头追寻铜的去向。此时马队已进入深谷的丛林，山鹰在山巅舞动气流追逐着鸟群，就像年轻的马锅头驱动马队追逐着财富，山谷里弥漫着飞鸟的鸣叫，丛林中回荡着马铃声声。自康熙二十一年（1682 年）揭开云南铜的布幕，至道光一朝，在滇铜开采的黄金岁月，云南的地理上呈现出了两条蔚为壮观的铜运驿道：东川路和寻甸路。两条铜路的尽头是金碧辉煌的皇城和端坐在龙椅上那个传说中龙的化身。由此，我们也窥见了驿道的秘密——帝国统治的秘密：分布在广袤地理上的驿道，穿行于险滩峡谷的驿道，隐藏在丛林深处的驿道，漫游在茫茫大漠的驿道，连接着城市、村庄、哨卡的驿道，所有的驿道最终都牢牢地攥在遥远北方那个传说中龙的化身的手中，驿道犹如贯穿帝国庞大躯体的神经，帝国的欲望都将由紫禁城里那个权力的化身发起，一切的欲望都将经由神经网络似的驿道淋漓尽致地传递到帝国的每一个角落。铜是他眼下最需要的——此时帝国财政铸币 90% 的铜料依靠云南——我们年轻的马锅头，从绿汁江边迈出第一步，即已走上

❶

❷

帝国为他预定好的路途，这条路途之遥远、之宏大，远远超出了之前他对财富之梦的一切想象！

铜，六十余万斤铜，从水流激荡、悬崖千仞的绿汁江畔爬上马背，旋即开始了路途遥遥的远征。在没有现代运力的时代，我们很难想象如何完成如此巨大的搬运。然而，铜的解运毫无悬念的只能依靠人背马驮。以一匹马负载一百五十斤来算，解运六十余万斤铜约需马匹4000匹。于是，我们看到了另一幅图景：从绿汁江边的香树坡厂到起乍、到竹子、到亮山、到普子哨、到永靖哨，到大龙泉密林深处，一支庞大的马队风尘仆仆地行进着。然而，这仅仅是解运京铜漫长旅途中微不足道的一段路途，年轻的马锅头还将率领这

绿汁江畔的滇铜古镇

❶ 20 世纪 60 年代苏联援建的木奔公铁两用桥和新建的木奔公路桥，闪烁着财富之光的铜矿石乘坐列车从巨大的山体中奔涌而出

❷ 马鞍子

支绵延数十里的马队，翻越易门与安宁交界处“三峰矗出，直插云霄”的庙儿山军哨口，经由八街，过晋城，渡滇池，抵昆明，即便如此，也还仅算是进入了通京铜运大道寻甸路的一个汇聚点！到达昆明这个汇聚点，或许还有另一条驿道可以让年轻的马锅头选择，《铜政便览》说：“香树坡厂，一站至法脿（双柏），一站至雨竜，半站至妥甸，一站至南安州城，一站至楚雄府城，六站至云南省城。”无论如何，到达昆明的易门铜必须等待，那些从滇西启程的铜正在马背上颠簸着一步一步朝昆明赶来，它们将在这里汇聚。属于本省局铸采买的将留下，那些从千里之外飘来的订单采买的铜将继续上路，譬如来自江苏、浙江、江西、湖南、湖北、福建、广东等。当然，最大的订单仍然来自遥远北方的紫禁城，乾隆五年（1740 年）后，从紫禁城中飘荡到云南的滇铜订单高达年解京铜六百余万斤！这意味着铜将继续赶路，但接下来的行程或许是年轻的马锅头再也无法想象和行走的了。

❶ 在泸州马头等待运输滇铜的船

❷ 古代冶铜

从康熙二十一年（1682 年）开始的滇铜盛典，从满足滇省驻军兵饷发放的原初，到支撑帝国财富欲望的柱石，这场盛典绵延了近两百年。数十万人在这场旷世盛典中扮演着铜赋予他们的角色，他们中有官吏、商贾、刺客、囚犯和流民，他们的命运被铜所笼罩，铜的命运也在他们手中翻云覆雨，他们进行着也许是除凿运河、筑长城之外，中国历史上路途最遥远、耗时最长、行程最艰巨的宏大运输工程。他们将从滇北、滇中、滇西三大产区，从人烟罕至、瘴疠弥漫、山洪汹涌、烈日烘烤、暴雨倾注的蛮荒地带，寻找到诱人的铜矿，然后开采、冶炼、搬运。《清代云南铜政考》说：“大部分的京铜，从产地到京师，非经两年的搬运不能到达。”所有的铜经由寻甸路和东川路出省后将在泸州汇聚。泸州，是长江水道上的一个重要码头，在长达 200 年的岁月里，这个码头为滇铜所盘踞，三千余艘大船长年停靠在岸边，它们在等候即将达到的铜。而云南的铜在抵达泸州之前，在云南境内，最远的已经行走了四千二百余里，但是，在泸州以下，还有八千二百余里的漫漫水路在等候着。

勇敢者的天堂

那些我们用勇气编织的藤条，丈量着绿汁江峡谷的凶险，而当我们沿着藤条——在与岩羊、麂子、山鹰和一株野桑的对视中——降到谷底，南亚低热河谷气候的浪漫风情顷刻在稻香和热浪中包围过来。

绿汁江绝壁

当人类不断推动着历史向前发展时，大自然更以其风驰电掣的速度，不断衍生和变幻出种种惊绝人类视线的景物。绿汁江，奔流着高原红色的滚烫血液，自北向南一路以不可阻挡的气势奔腾而来，在一声刚劲有力、响亮清澈的彝语“潞兹啦”（意为石壁陡峭的江河）喊出时，便惊醒了北纬 24° 40′ 54″，东经 101° 57′ 47″ 上所有沉睡的山峦和水流的灵魂，从此，在易门西部 44 千米，离省城昆明 120 千米的地方，这滚烫的血液便熔炼出了一个叫作“绿汁”的山水小镇。史载于清乾隆二十九年（1764 年）的古镇绿汁，位于昆明、玉溪、楚雄之间，它坐拥“壁立千仞”的险峰、磅礴的山脉气势及其急缓交错的江段风景，颇具三峡般险绝恢宏的气势，注定成为勇敢者的天堂。

绿汁江是元江上游干河的一段，古称“即水”（北魏 · 郦道元《水经注》）。北起川街小江口，南至矣独莫，流经易门西境，长 58

千米，径流面积6604平方千米，年平均流量为28立方米/秒，是易门县境内最大的构造地堑，两岸切割深，山势陡峭，相对海拔差为1572米。据道光《易门县志》记载：两山壁立悬崖陡壁，猴子难行，峻谷奇险如画。夏秋水泛，舟楫难通。冬春潦净清流，林木荫翳，江流掩映，有如柳汁初染，所谓“江作青罗带，山如碧玉簪”。故而，取之柳汁，后谐音为绿汁，是一个充满生命鲜活气息的地方。历史是固态的、不可逆转的，而绿汁江始终以鲜活的、热情的姿态奔腾着，一路向前，毫不犹豫地以它有别于其他江河的风格奔流着。畅流于勇敢者天堂心脏的绿汁江，枯水季节最小流量0.6立方米/秒~1立方米/秒，流速0.15立方米/秒~4.8立方米/秒，雨季最大流量可达1160立方米/秒，最大水深6.67米。地质运动经历了无以数计的强大变化，造就了绿汁江今

著名的绿汁盘山公路七十二道弯

日与众不同的壮丽风采。尽管这种运动，曾经给它带来过无限的阵痛，却成就了它今日的脉脉风姿，它始终以逍遥自在的姿态，在两岸陡峭的峡谷中蜿蜒奔流着，云淡风轻拂去时光带给它裂变时的苦痛，依然用优雅、鲜活的热情呼唤着所有勇敢的灵魂，亲临它的世界，去体会它那百变的风采。

绿汁江的河道宽窄不均，河流时急时缓，是勇敢者观光漂流的理想之地。急流处，江水咆哮怒吼、汹涌湍急，似天河奔泻。舒缓处，水不没膝，江水清澈空灵，谷中游鱼戏虾、五彩卵石历历可数。乘竹筏、皮艇漂流而下，两岸雄伟险峻的山峰逼面而来，步步有惊，惊而无险，“天被山欺，水求石放”的感觉油然而生，勇敢者的身躯随着绿汁江水的奔腾变化，忽而平直，忽而急速行驶。勇者的心被高高悬起，忽上忽下，手心里满满的攥着一把汗，却还是不断被这种勇者的游戏产生的乐趣与惊险深深吸引，高喊着、吼叫

着，骄傲自豪的身影在绿汁江的激情奔腾里起伏着，时隐时现，飞溅起的水花如众星捧月般，在勇者身后簇拥着他们的背影，令观望者为之叹服。显然，绿汁江惊险刺激的漂流，非勇者莫上！在绿汁江突变的奔腾流动中，让我们猝不及防地感受到它的鲜活与激情、快乐与挑战，无意识中便把自己丢失在了这浓绿的奔腾里面。江水里活跃戏游的鱼儿，在勇者漂流掀起的波浪中上下翻飞，金色的鱼鳞，与热辣的骄阳相映生辉，平添了绿汁江的生动，让绿汁江的奔腾掺入了更浓烈的激情。丰收时节，沿江的水田里，通体浸透了稻花香的“谷花鱼”，欢跳在田野里，望之肥美诱人，食之鲜嫩可口，别有一番风味。特别是珍稀野生鱼种“南瓜鱼”，其外观黑中带黄，色泽就像刚切开的南瓜本色，肉质细腻，味道甘美，十分罕见。

峡谷中的江南小景

❶ 漂浮在绿汁江雾海中的村庄

❷ 大山上的村庄

❸ 高山峡谷边的梯田

漫步绿汁江大峡谷，步步有景，令人仿佛置身于山水画卷之中。最妩媚多变的江段风景莫过于水漫桥。汛期时，混浊的江水汹涌呐喊、浪花四溅，每次经过，飞跃的浪花都会拍打着我苍凉的胸膛。我曾在旱季水流平缓时，站立于它的中间，任由清凉的水流掠过脚面，去感受绿汁江奔流不息的鲜活与激情，倾听它从源头带来的种种心声与诉说，探索光阴的故事。梦未醒，便随江水遁入了月亮湾“月上柳梢头，人约黄昏后”的意境，彼此眼神对望的时刻，绿汁江见证了伟大的爱情。如今风情多变的绿汁江，史上是凶悍和肆意的，当地的村民，用聪明才智，战天斗地，整治河道，与大自然经过了无数的斗争，在沙滩上开出了农田，水流逐渐顺道，沙石少了，沙砾之地渐渐全部变成良田，村落也从半山坡全部迁到了山下平地。在被钢筋水泥的丛林包围的困境里，我被寻觅原生态的渴望牵引着，步入江边小村寨，一步步接近、坠入，仿佛嗅到了原生态的味道，仿佛听到了空灵清澈的原生态的呼唤。

随江水的清澈步入绿汁小镇。小镇辖区面积 231.69 平方千米，立体气候明显。从山底到山顶，纵跨了南亚热带、中亚热带、北亚热带、南温带、中温带、北温带等六大气候带。河谷地带高温干燥，遍布着攀枝花、凤凰花、仙人掌、金光菊、霸王鞭、滇橄榄以及人工种植的香蕉、甘蔗、西瓜、塔拉等。每年凤凰花开时，满树结花，火红艳丽，与绿叶相映成趣，清风徐来，满树的绿浪中律动着火红，燃烧了整个小镇。而在河谷的红土地上，却生长着高山冷凉植物：松林、杜鹃、山茶等，一派“一山分四季，十里不同天”的奇异景象。境内最高峰竹子老黑山，海拔 2446 米，最低海拔棚苴村委会炉房村，海拔 1067 米，这里便是绿汁江告别易门的终点站和奔向峨山的起始站。

当我们久久自顾于多变绿汁江水的鬼魅诱惑中时，造物主又挥舞着鬼斧神工的大手笔在改造着自然，瞬息万变间，雄险、高峻的山脉，已然耸立于我们的眼前，绿汁的山属于横断山系的云岭山脉余支，东西最大横距 13.3 千米，南北最大纵距 27.4 千米，地质

运动的巨大变化，赋予了它今日必定成为勇敢者天堂的历史使命，定格了它恢宏、傲然的姿态。站在小镇的最高峰上眺望，“山高人为峰”的气势荡涤在心胸，脚下的一切是那样的渺小，蚁状般地存在。这时，俯视足下，我们产生了对于伟大的渴望和遐想。伟大是什么？这身旁连绵不断的山脉以雄峻屹立的身姿记录了成就今日雄伟气势的来龙去脉，告诉了我们伟大的含义。山的伟岸，为攀岩者铸就了勇敢者的天堂。绿汁山地资源丰富、山形奇特，可供攀岩的险峻崖壁很多，天然岩壁的路线变化丰富，如凸台、凹窝、裂缝、仰角等，挑战性极强，让你体会到“山到绝处我为峰”的感受。

顺山势铺陈而上的绿汁小镇，犹如天上的街市

❶ 凤凰花开了

❷ 铁索桥连接着绿汁江东西两岸

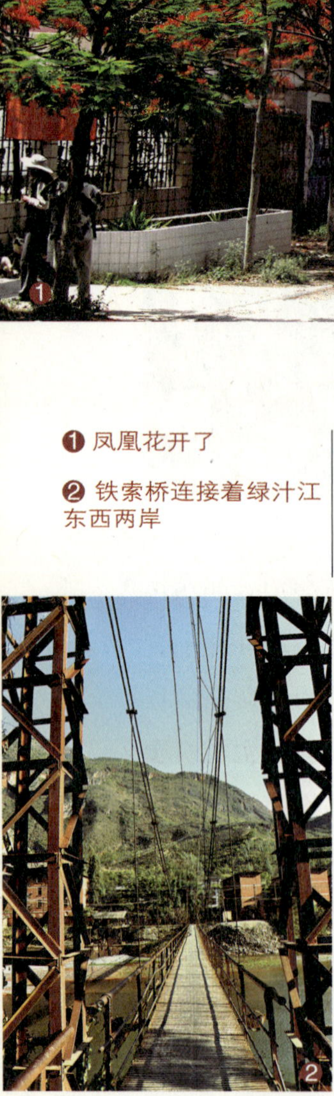

绿汁江岸的巨石峡谷中，河流侵蚀掏空，使岩石崩落形成一个垂直两百多米的陡直岩壁，崖壁光滑无突出，立于崖壁之下有刀削斧劈的感觉，是攀岩者的天堂。攀岩，必定是对勇者的勇气与胆量的极限挑战，它让你在与悬崖峭壁的抗衡中学会坚强，在与大山的拥抱中感受宽容，当你灵巧、矫健的身姿上下翻飞在陡峭的崖壁上，你就是山的王，就是真正的勇士！征服与挑战，永远都是勇者人生的快意与精彩。

绿汁，无处不是好风景！惊绝人心的盘山公路让你无法遗忘。绿汁小镇海拔 1260 米，公路最高处修到了海拔 2360 米的地方，水平直距不足两千米，海拔相对高差竟然达到 1100 米，是滇中少有的峡谷盘山公路景观。贴着这盘山公路前行，从山顶到山脚俯瞰，这一条绝美、壮观的盘山公路，依山势而建，以蜿蜒盘旋的姿态舞动着整座山。一侧傍着哀牢山层峦叠嶂，一侧可俯瞰小镇全貌，盘

❶ 在山崖边漫不经心地打理农事

❷ 金光菊与云海

❸ 水漫桥

山公路到达山脚的行车距离是十几千米，行驶的时间却超过半小时，这段路程中超过 90 度的弯至少有 72 个，随山势而走的奇特路形、路况，对驾车人的反应、技术与胆识都是一个挑战，非勇者莫来！“万山群壑间层峦叠嶂，山青林密中飞鸟相伴。”就在这一曲、一折、一弯中，高达一千多米的落差，不得不让人叹服设计者和建设者们的伟大！最美的风景总是在绝境处，当属于勇士！

立秋之后的绿汁，就会乍现一道神秘、绝美的风景——绿汁云海。由于地处绿汁江边，气温高，每天有大量的水蒸气向上空蒸发，在早晨 3~4 点凝聚。秋季白天和晚上的温差越大，雾海景观就越壮美，浩渺博大，汹涌澎湃，浩浩荡荡奔涌而来，如莅临于大海之滨，雾海笼罩的山峰，仿如一叶叶扁舟，飘摇于万顷波涛中，如国画大师笔下一幅大气恢宏的水墨画，惊心壮阔。雾气升腾沉浮中，心，瞬间迷离，轻盈地飞翔起来。在浩渺无边的雾海里，我是如此的渺小，仿佛幻化成了雾海中升腾的一粒水滴，融入了这升腾与浮沉，随万千水滴流动在茫茫雾海中，我感觉到了宇宙的浩渺博大与广阔无边，仿佛看到了绿汁的前世今生。

绿汁小镇，从来就是个充满了传奇故事的小镇，绿汁的山水，述说着勇敢者的故事。1953 年成立的易门矿务局，当年，荒凉得触目惊心，矿山开拓者们的工作和生活环境极其恶劣艰苦，开发设施也并不完善，最危险的便是井下作业，下井最直接的危险来自洞顶的直流高压电线，触之，便危及生命。井下湿度非常高，置身其中，对人的体力、意志力是一种极大的挑战，蜘蛛网般的井巷坑道，不要说是外来人，就是不经常下井的矿工都很容易迷路。来自全国各地的开拓者们，人才辈出，正是充满了激情的年纪，他们用勇气、青春、热血和智慧，克服了重重困难，从 20 世纪 60 年代大规模采冶铜矿开始，凭借绿汁丰富的铜矿资源和各种管理、技术上的优势，把一个萧条荒凉的不毛之地，发展成了中国八大铜矿之一。到20世纪80年代发展到最顶峰时，这里已经是一个拥有十余座矿山、多个冶炼厂，三万多名员工的国家特大型矿山，在全国创下了开拓铜矿的显赫战绩，创造了历史的奇迹。如今，这个曾经承载了无数人梦想的地方，因大自然的恩赐而兴，又因大自然的枯竭而衰。

此时，依然静谧地躺在绿汁江畔的绿汁小镇，“不言当年好时节，只待春风送锦绣”。绿汁小镇，从容地顺应时代与经济发展的变革，果敢地放下了昔日的辉煌，华丽转身为今天以山水著称的“滇铜古镇”，其实一直就是勇敢者的天堂，从当年定居荒山为国家开掘输送铜矿资源的开拓者，到今天足沓而来此漂流、攀岩，挑战征服绿汁山水的勇士们，正是一脉相承的勇气与胆识的体现！幻化的思绪中，太阳如橘红色的火球般从广阔无垠的迷雾中迸出，由柔和渐趋强烈，在万水千山中洒下了金色的光辉。阳光渐渐穿透了雾海，金色的光瞬间包围了眼前白茫茫的雾，在雾海的边界上镶了一道金色的边，绚烂夺目。雾海在日出中慢慢散开，渐渐消失，绿汁小镇的一切又清晰了起来，豁然开朗中，我读懂了绿汁真正的美！一切辉煌的过往，裂变阵痛之后的华丽转身，必定会以一种更加绝美壮阔、不同凡响的姿态惊现于世！

绿汁，这个风情独特的山水小镇，以百倍的激情等着你来，用勇气与胆识来探险、来挑战，来征服它！毫无疑问，绿汁，注定是勇敢者的天堂，“不到长城非好汉”，我亦言之：“不到绿汁非勇者！”绿汁的精彩，以水的姿态，生生不息奔腾着；以山的气势，岿然不动屹立着，永恒地演绎于历史的舞台。

窑火中的历史影像

从景德镇到李忠窑，一段跨越千里的历史传奇。窑火中淬炼出来的青、绿、酱、白，众多的釉色描绘出凡俗生活的诗意盎然。

揭开易门城市发展的史页，站在某个时空节点上回顾或展望，不论我如何解读，从四百多年前到现在，易门城市建设与发展始终与两个维系生命的元素有关，一个是“水”，千百年来，龙泉水荡漾出了易门的水城图案；一个是“土”，地载天覆，易门的每一寸土壤成就了这座城市的所有可能。而有一种土，她以人为媒，与水火金木进行纷繁复杂的生命交融，历经此消彼长的生死轮回后最终出落成带有生命亮彩的“陶”。

“陶”，从八千多年前的漫漫长河里走来，带着人类文明特殊的印记，来到我的面前。而易门陶瓷的兴盛，则与一个叫“李忠”的人有极大的关系。“李忠为李自成部下，江西人，明末清初随义军余部来滇。后流落易门，路过外大坡时，发现其地有制陶沙泥，即设窑烧陶，以为生计。”（《易门县

概况》）史称“李忠窑”。李忠烧窑的窑址位于浦贝乡下浦贝村东面约三百米处，与原易门县陶瓷厂相邻。

我们来了，站在“李忠窑”遗址上，踩着脚下不计其数的陶瓷碎片，历史的绝响在碎片之间发出私语，我似乎听到了窑工的呼吸，似乎在烈焰里看到了李忠，一张四百多年前的脸，那是江西景德镇酱釉的颜色。李忠到来时，他一定是到下浦贝走了一圈的，因为那时赵姓村民已经建窑烧制陶罐、瓦盆了。他背着双手，不露声色地打量着所看到的一切。临走前，他轻轻拿起一只“元”字纹碗，面对碗心里青绿色的“元”字，他沉思良久、默默不语。他举着碗如雕塑一般凝固了很长时间，透过青绿色的“元”字，他的脑海里浮现出了生灵涂炭、折戟沉沙的过往吗？或者透过青绿色的“元”字，他看到了美丽的莲瓣、牡丹、小鸟、梅花或其他一些漂亮的图案和纹饰？又或者，他突然对“元”字，有了前所未有的理解和顿悟？当然，所有这些，只是我的猜测，没有人知道他在想什么，也没有人知道他想干什么。李忠用江西人对陶土特有的敏感很快就发现了下浦贝许家坟、沙老树的胶泥和以白坡、外大坡的沙泥。而胶泥和沙泥正是土陶生产的主要原料，于是他决定在这个当地人称“外大坡”的小山坡上，建起窑口，开创他的制陶“元”年，开启了他的另一种人生。

从此，“李忠”和“李忠窑”成为一粒种子撒进了易门的大地，成为一种符号，融入了易门陶瓷历史。

2012 年 10 月，英国古瓷器学家彼切来了。他考察了李忠窑，他说从遗址的碎片上可以看出，花纹图案有自身独特的创造，也有云南的地域特点，还融入了景德镇等地先进的制陶手法，对研究云南的古陶瓷很有价值。当我再次从李忠窑出土的碗、盘、杯等青花瓷器上看到牡丹纹、莲纹、古钱纹和小鸟纹这些独特的纹饰时，我突然又想到了那张酱釉色的脸，他就那样站在下浦贝的窑口前，这一次，我分明听到来自四百多年前，他内心浑厚的呼啸。李忠窑瓷器上的牡丹纹、莲纹、古钱纹和小鸟纹是云南已发现的青花瓷器中

❶ 巩俐曾在这里演绎《周渔的火车》

❷ 龙窑遗址

从来没有的，它的画法草率、简单，纹样简朴而图案化，均与已发现的玉溪窑、建水窑、禄丰窑等各窑口青花瓷器不同，就这样的一点不同，极大丰富了云南青花瓷的内涵，成就了“李忠窑”的独特文史价值。彼切把李忠窑出土的标本与已发现的玉溪窑、建水窑等云南青花瓷器进行比较后，初步推断李忠窑的烧制时间为明末清初。这样算来，易门的制陶历史足有四百多年了，四百多年的沧桑巨变，四百多年的岁月沉浮，一段漫长的陶瓷萌芽史！

从易门县文史资料第一辑看，在李忠创办碗窑的同时，当地杨氏、赵氏、李氏的祖先共十二三户人家也开办了碗窑。初创时期，这些人家依山就势建起三条有台阶的“阶梯窑”。

李忠播撒下的种子，就这样开始萌发了。

各姓窑户日复一日、年复一年地制泥，成型、干燥、上釉、彩画、装窑、煅烧，造罐、烧碗。他们取柞树村、碗水村燃烧后的柞栗柴灰和以白坡浆泥制作青釉；取以白坡砂浆、炭灰两种原料制作白釉；取梅营村湾子山侧的一种黑色矿石磨细，成浆过滤兑白釉制成黄釉。各户工匠根据市场行情和各自的技术特点，在土陶上刷上不同的釉色，使产品各具显明的特色，青釉器皿闪闪发光，白釉色如玉石，洁白无瑕，黄釉色泽古朴，别具一格。在天干地晴时，每月可烧三次土陶产品，十多户人家，月产量可达五六万件，年产六七十万件，几代人一直都保持这样的生产水平。产品分为大杂件和小杂件两类，大杂件有水缸、酱缸、瓦盆、坛子等，小杂件有蜜罐、盐罐、碗、佛像以及儿童玩具吹鸡、小马、小牛。

经李忠开创碗窑后百余年的发展，到清乾隆年间，易门土陶业已小有名气。到鸦片战争前后，窑户增至二十六七户，生产有了明显分工，有二十多户专门生产碗，有的专门生产大杂件、小杂件，有的还专门生产美术工艺品，如香炉、花瓶、兽头等。清末民初，易门县的土陶生产进入兴盛时期，“阶梯窑”由原来的三条增至近十条，并由原每条窑只有九仓增至十二仓，还创建了“半倒烟窑”。产品由原来的两大类增为四大类，到了清朝末年，碗类有扣碗、马

❶ 素陶群像

❷ 制陶工人的幸福生活

蹄碗、坯子青釉碗，又发展了绿釉碗、仿线圆口碗、白鹤碗；大杂件有瓦缸、坛子，又增加了大花盆；小杂件有蜜罐、盐罐、香炉、泡壶，又增加了灯盏、花瓶、盐瓣子碟，特别是四两酒罐做工精致、容量准确、色泽素雅，在市场上信誉甚高。

昆明的范氏父子来了。民国初年，范寿昌、范本荣父子从昆明的松华坝而来，他们很快就融入了浦贝的碗窑里，他们带来了新技术和新工艺，同当地陶业生产户合作生产琉璃瓦、兽头、宝鼎、茶龙、金鸡、海马、金鱼、仙人、花栏、正吻等庙宇建筑的工艺品。范氏父子的到来，扩充了浦贝的陶瓷制品，推动了浦贝的陶瓷文化。

江西的张氏艺人来了。1938 年，江苏宜兴的一位陶瓷绘画艺人张师傅来到了浦贝，他们很快就融入了浦贝的碗窑里，他带来了新技术和新工艺，他与当地生产户联合，利用赵普红石岩的瓷泥，成功地试制出粗瓷瓦货，称“假瓷货”。假瓷制品除用瓷泥制作外，又用老人山的水晶石磨粉成浆后与老

吾的泥浆以 33∶67 的配比成功地配制成石釉，煅烧即成假瓷。用瓷泥石釉生产的大小碗、白鹤、单扣碗、双扣碗、白菜状花瓶等假瓷货，洁白光滑，晶莹反光，再画上山水楼亭，竹、兰、花卉、飞禽、走兽等图画衬托，别具一格。张师傅的到来，让浦贝陶的名字里，多了一个“瓷”字——“陶瓷”。有时候一字之多，一字之少，并不都是可以用“千金”来做注脚的。

到新中国成立初，窑户已发展至五十余户，年产陶瓷一百多万件，且生产和销售也已分工，浦贝街天开始出现“瓷货、小碗、石膏摆断街”的空前盛况。其间有六七户人家及不计其数的小贩收购窑户的产品，他们依靠人挑、马驮运往昆明昆阳，楚雄双柏、黑井等地贩卖，由于瓦货盛销，陶瓷生产逐渐兴旺起来。遥想当年，在漫漫“易（门）碍（嘉）道”，“易峨道”，“易黑（井）道”上，演绎了多少山间马铃响，浦贝陶瓷来的峥嵘岁月。

李忠窑出土文物

几百年的制陶生产，沉积了易门浦贝的陶瓷文化。由于土陶生产受自然气候的制约较大，旱季气候干燥，生产省工省力，产品质量好、销售快，窑户们说这是“财神显灵”；雨季阴雨连绵，影响生产，窑户又说：“陶器产品是山中求宝，火中求财，烧好烧丑全靠金火娘娘的恩赐。”因而，他们便集资建盖了一座财神庙，每年农历三月十五日奉为“财神会”，六月十三日奉为“金火会”。每逢这两个日子，家家户户杀猪宰羊，到财神庙焚香祭祀，盼望生意兴隆、岁岁平安。后来人们把上述活动称为“赶庙会”。此外，每逢大年初一清晨，窑户们纷纷到财神庙拜祭。按当时的民间说法，谁家去得早，谁最先燃放鞭炮，谁家当年的生意就一定好。因此，人们都想求个好运，争先恐后，一家比一家起得早。这种习俗年复一年，流传至今。

土陶制品的生产很艰苦，它们影响着人们的生活，制陶人的生活条件也因此得到了改善。碗窑村的人们都把制作陶器作为生活的主要经济来源，继续着古老的烧制技术。到了 1954 年，浦贝组建陶瓷生产合作组，把各家各户的窑集中起来，由集体统一支配、统

一管理。1955 年改为陶瓷社。后来，在碗窑村址上建厂，更名为易门陶器厂。建厂后，陶器厂也一直生产土陶制品。20 世纪 70 年代，陶器厂由粗改细，由生产土陶转为生产瓷器，厂名也变更为易门陶瓷厂。

在易门陶瓷厂，有一个人的故事和他现在所生产的陶一样厚重、一样绚烂，他就是滇鉴陶民族工艺有限责任公司的总经理吴兆华。2002 年，易门陶瓷厂面临改制。2003 年，吴兆华离开陶瓷厂后，创建了滇鉴陶民族工艺有限责任公司，恢复制陶，他说“易门的陶瓷产品较为单一，我们想在原来

李忠碗窑遗址（后定为李忠窑遗址）

的基础上进行拓展，丰富易门陶产品，把陶器做成艺术品，成为易门特色商品，让更多的人喜欢陶。”他开发出了彩陶，给传统陶涂上了浓墨和重彩，他的人生亦是如此。在他的厂里，有各式各样的陶制品，有艺术摆件、烟灰缸、茶罐、酒瓶、花瓶，还有传统的瓦罐……有的色彩鲜艳，用色彩勾勒出一幅美丽的画；有的朴素自然，只是简单的陶罐颜色或单纯是泥巴的颜色。

吴兆华，一个给古老的陶穿上靓丽外衣和渲染上民族色彩的人。他用他的绘笔诠释了变革带来无数种可能和一个“陶者”浴火重生后的社会担当。

变革是时代的阵痛。或许这种痛本身就来自煅烧陶土的烈火，就像陶瓷，只有经历烈火的煅烧才能得到新生一样，变革即改变，变让一切皆有可能。

走进位于易门县城南七千米处上浦贝村大场山的云南省易门县益兴瓷业有限公司，历史的某种气息趁我毫无防备的情况下迎面扑来，让我用无数的视神经和脑细胞左冲右突，快速回避来自历史深处陶和陶瓷的叩问。云南省易门县益兴瓷业有限公司的前身就是云南易门瓷厂。易门瓷厂从 1968 年 3 月破土动工到 2006 年，整整 48 年，她历经沧桑。她用 48 年的时间，诠释了“青花世界”的悲喜人生，沉淀了易门陶瓷发展的皇天后土。2006 年 9 月，她悲壮转身、谢幕易名。

回避是回避不掉的。于是我又再一次在史册里瞻仰了她。

翻开国家计划委员会 1966 年的文件，我看到了易门瓷厂诞生的历史标签。

——“中央投资，地方管理”的大西南瓷器重点生产中型国有企业。占地面积 80200 平方米，总投资 500 万元，设计生产能力年产日用瓷 500 万件。

如今，标签泛黄，历史凝存。益兴瓷业有限公司以另一种方式接下了易门陶瓷发展的接力棒，继续着近半个世纪以来的泥与火的传奇。

1995 年，易门瓷厂与原方屯乡政府联营，投资 4800 多万元，新建了易门佳璜瓷业有限公司（后改为意达陶瓷厂）。这一年，在易门陶瓷发展史上意义非凡——易门佳璜瓷业有限公司的创建，标志着易门开启了建筑陶瓷生产的历史。之后，亚欧、国星、远方等沿海城市的建筑陶瓷生产企业相继进入易门，拓展了易门陶瓷业的发展规模，让易门的陶瓷形成了建筑瓷、工艺陶和生活用瓷三足鼎立的局面。

手绘青花素坯

在易门县“十二五”规划中，有一段文字是这样写陶瓷的：以建设特色产业聚集区、循环经济示范区为目标，依托资源优势，加强科技创新，大力发展高档墙地砖，增加中档产品，压缩低档产品，鼓励扶持开发卫生陶瓷产品、陶瓷工艺品，提升产业竞争力，做大做强陶瓷建材产业，进一步巩固西南建筑陶瓷生产基地和云南省高新技术特色产业基地。同时，将易门陶瓷建材工业园区打造成云南最大的陶瓷建材基地。

目前，在易门陶瓷建材工业园区，有陶瓷生产企业 16 户，陶瓷建材生产线 19 条，产能占云南省的 80% 左右。陶瓷产业现已成为易门县继铜矿业、野生菌食品加工业之后的第三大支柱产业。陶瓷建材业已初具规模，成为云南省最大的陶瓷建材生产基地。易门已经成为陶瓷集群产区，2007 年被中国建筑卫生陶瓷协会命名为“西南建筑陶瓷生产基地”。

易门的陶瓷产业凭四百多年的沉淀和发展，从土陶生产到日用瓷器烧制，再扩展到建筑装饰瓷，陶瓷生产也从单家独户、作坊式生产发展到集体企业到国有企业，再发展到民营企业，再到基地集群化生产。易门人凭借天时、地利和人和，把四百多年来的陶瓷梦想变成了现实。

如今，在易门宽阔的大道上，大大小小的车子，装载着“易门陶瓷”奔向各地……

他们运载的不是陶瓷，而是一段四百多年的历史。

马头山，彝族人心中的圣山

跟随传说中一匹西马的踪迹，
马头山出现在天际线以上的云上，
洪水滔天时代的巨大方舟，泅渡了
一个民族的生命种源。

当清晨第一缕阳光绽放的时刻，一抹明艳的金色将一匹俊朗神秀的“天马”送到人们的面前，它“昂头天外势崇隆，奋鬣长嘶万壑风”，让人仿佛能听到它发出的嘶吼，瞬间点亮易门人民的眼睛，点燃易门人民的热情和自信。

马头山，古称蒙抵黎崖山（《大明一统志》），位于易门县城南11.2千米的易峨古驿道上，海拔2364米，是易门“古八景”之一“马头山色”之所在。据《易门县志》记载：“黎崖山层岩峭壁，巍然独峙，前昂后俯，俨同天马，耸拔特出，势压众山。苍翠之色可望而不可即。远望昆池，光浮如镜，绝顶有泉一泓，不盈不涸。”“天马行空忽不前，化为巨石压山巅。凭谁画取权奇骨，终古常悬绝塞边。”说的就是易门马头山的雄姿。

马头山东面悬崖

在易门有“不上马头山，不算到易门”之说，足见马头

1

❶ 马头山仙人洞

❷ 马头山云海

❸ “天马”从金色霞光中脱颖而出

山在易门人民心中的地位。马头山不仅有奇险秀丽的自然景观、神秘莫测的民间传说、震撼人心的历史事件，更有能满足人们想象的空间。这里有“西马”“古道”“地河坝”“仙人洞”，有马头神人耳哈儿母不噜，有反压迫、反剥削的民族领袖李向阳……登临马头山顶，层层群山俯首臣服，四方美景尽收眼底，让人陡然生出万丈豪情。

马头山是易门彝族人民心灵的皈依。在这座山上，彝族人民续写了生命的传奇。易门至今还流传着洪水滔天灭恶人，仙人考验仲牟由留做人种，并指点仲牟由种葫芦，藏身葫芦内漂到马头山得生，与天女结婚生六祖，彝族因此而得以繁衍的传说。任何传说的出现并非都是空穴来风，它必然有其存在的理由，正如马头山、仲牟由、六祖起源及彝族的繁衍，并非仅停留在传说的层面。据《西南彝志》第一章第一节“六祖的起源”：从希姆遮到仲牟由共 31 代，这时发生了洪水，除仲牟由一人外，尽淹死。天帝三家君主女儿与仲牟由结婚，生六祖；《云南志》：“在州（晋宁州）南一百五十里，昔乌蛮酋仲牟由男所居之地，元初立洟源千户所，至元中改易门县”；《滇志》：“易门旧为乌蛮酋仲磨繇所居地”；又据《读史方舆纪要》对《滇志》得出的结论“……州（晋宁州）南一百五十里，即今易门旧县南五十里的蒙抵黎崖山（马头山），是仲牟由所居之地”。《易门县志·建置沿革》对此也有记载：“易门在昆阳州之西，治市坪村，为乌蛮仲磨酋男所居。”在《指路经》中，有昆明、石碑山、易门城、马头山、望水、绿汁江等彝族先民迁徙的路线。在彝族诗中，有易门的蒙抵黎崖山、底尼、阿戛米等地名，这些地名现在易门都能找到。马头山现还有旧窝居古文化遗址、龙井母系社会向父系社会交替遗址、祭天蜡烛峰和白石供桌仲牟由祭天处等十多处古遗址。可以断定，蒙抵黎崖山（马头山）就是彝族的发源地之一。

❶ 阿老表，来跳脚，跳脚好玩呢

❷ 以狂纵的花鼓表达取得圣火，得到马头山神灵庇佑的激动心情

马头山不仅其形“俨同天马”，更兼有关于马的传奇，那就是“西马”。据《通志》记载：“下有平谷置畜牧，异马多产于此，盖称西马云。”据说西马体形小，马头较大，颈高昂，鬃、尾、鬣毛丰长，身体结构良好，肌腱发达，蹄质坚实，善走山路，善于爬山越岭，是西南山区的重要运输力量。现虽已绝迹，但它留在古驿道上的蹄印依然还很清晰。

在马头山，易峨古驿道拦腰而过。此驿道经一汪水、大马头山、仓屯、十街、贾姑至峨山县甸中镇，再由甸中南行达峨山县城，境内计程37.5千米，是易门通往峨山的要道。由于地势险要，山高林密，历来都是“群夷跳梁扈骛，集盗兴戎”（《元武洞碑记》）之所在。千百年来，在这条古道上不知上演过多少悲欢离合，经历过多少腥风血雨。至今，马头山还有关于宝藏的传说。相传清朝中

叶，滇南一富商委派亲信押运8驮金银珠宝到昆明，奔波数日来到马头山下，见天色已晚便投宿于小马山客栈。当晚获知运宝消息已被马头山一伙强人探知，富商亲信便将财宝神不知鬼不觉地运出村外，埋于荒郊野地，然后连夜骑马逃走。后来，富商和亲信回来寻找财宝，却怎么也找不到藏宝之处，富商抑郁而死。再后来，其子来到此地在驿道旁刻下宋朝理学家朱熹所作的《观书有感》诗句："半亩方塘一鉴开，天光云影共徘徊。问渠哪得清如许？为有源头活水来。"并告示当地村民和过路客商，凡挖到财宝者可与主人对半分成。消息放出后，掘宝者纷至沓来，把小马村周围的山山岭岭挖了个底朝天，却始终没有找到藏宝地点，宝藏遂成传世之秘。1984年和1994年小马山村民挖到过几十公斤铜钱。如果有

人潮涌动的火把节

缘的话，也许你就是那掘开宝藏秘密的人。

“山不在高，有仙则名。”马头山也因“仙”而闻名。在马头山北麓海拔1960米的山坡上有一个洞，民间因洞内有众多“仙人”造型而将其称为仙人洞，后改名元武洞。据《元武洞碑记》记载：“山之阴有岫，崆洞元窅，容可千人。厥中溜虚，仰见星斗，窍英结乳，如云如绮，如龙如狮，奇未可名状。且水时液而凄清，石悬击而响寄，城南徼一美观也。”据道光《续修易门县志》记载：“元武洞，在县南黎崖山后，天然一窍，入数步，别有天光，石上溜纹有如幢、如节、如将军者，士人增饰为关帝像，生气凛然……”在马头山东北面悬崖下的山坡上还有一洞，叫黎崖洞，俗称“地河坝”，是一溶洞群。其洞中有洞、有河、有瀑、有潭、有泉、有“坊”、有“宫”、有“人”、有“兽”、有“楼”，形神兼备、姿态万千。到目前为止，还是未开发的处女地。1998年，易门县两次组织人员入洞考察，按河、溪、潭、瀑、洞、湖、钟乳石等自然景点分类，初步探明“龙凤牌坊”“隔崖观火”“谁主沉浮”“龙女迎客”等12处主要景观。仙人洞和黎崖洞内的自然景观令人叹为观止，非人力可为，大概也只有“仙人”才能造就罢。在马头山，还有很多关于仙人的传说，其中以“马头神人”耳哈儿母不噜的传说最为生动。耳哈儿母不噜相传为小马村一个寡妇与黑龙潭龙王所生的儿子，因他用乌蛇神剑打败强盗，守卫马头山一带的安宁而受到人民的拥戴，连天上的神仙都非常赏识，准备让他当皇帝。并在马头山仙人洞内为他点修三石三斗数量的“芝麻兵”，一石二斗“蚂蚱豆”数量的马，还点备了各路将帅，配备了军旗、战鼓。要他做完三百六十件好事，并在七七四十九天后到仙人洞，在太阳刚刚升起时将桌案上的三支箭朝太阳射去，一箭射皇帝，一箭射左丞，一箭射右相。但由于耳哈儿母不噜性急，只等到四十八天便将箭射出，三只神箭只射中龙椅和龙柱，三石三斗芝麻已经会眨眼睛了，但还未变成兵，一石二斗“蚂蚱豆”已经长脚了，但还未变成战马，那些将帅、军旗、战鼓也都还是石头样，耳哈儿母不噜追悔

❶ 迎接圣火

❷ 毕摩以最古老的方式采集圣火

莫及，只得逃走。

其实神仙从未有过，那只是易门彝族人民反抗精神的一种想象和愿望。在历史长河里，马头山曾书写下反剥削、反压迫的壮丽篇章。最著名的就是明嘉靖三十六年（1557 年），养甸沐氏庄户通火李向阳率领七千多彝族民众起义，反抗沐氏勋庄压迫剥削，以土县丞王一心及土巡检王行道为援，与武定土知府凤继祖相通。起义波及易门、安宁、昆阳、峨山、新平、双柏等地，声势浩大，他们以马头山为据点，坚持了八年的斗争，明嘉靖四十四年（1565 年）被镇压。明万历二年（1574 年），养甸彝族民众再次起义，被兵部侍郎云南巡抚邹应龙剿平，“斩马誓蛮”于马头山上，竖“此后贼不祭”石柱，改马头山为“斩马山”，并在马头山海拔 2204 米的正东岩崖上镌刻巨大的横书正楷双线阴刻繁体“斩马山”三个

“斩马山”摩崖石刻——玉溪境内已知最大规模的单体摩崖石刻

❶ 火把节上的纳苏表妹

❷ 熊熊燃烧的圣火传递着幸福和吉祥

字。每字宽约两米，高约三米，面积约三十平方米，用笔苍劲有力、气势不凡，是目前玉溪境内已知的最大规模的单体摩崖石刻。“斩马誓蛮”事件再次印证了马头山在彝族人民心中的重要地位，更重要的是明政府要将马头山推下神坛，将马头山的神圣光环从彝族人民心目中抹去，从而达到从精神层面对彝族人民进行统治的目的。然而，马头山的精神早已成就了易门彝族人民的精神，他们那凝聚在血液里的乐观、豁达、爽朗、热情、勇敢和坚韧从未因此而受到影响。蓝天给予他们清澈的眼睛，白云给予他们飞翔的心灵，青山给予他们豪迈，绿水给予他们柔情，面对清贫，他们从容淡定；面对困顿，他们把一切看轻，他们是快乐的纳苏颇，是马头山上的精灵。同样地，易门彝族人民也给予马头山最高的地位与崇敬。它从未走下神坛，它在易门彝族人民心中的位置永远无可替代。每当面对重大决策之时，易门彝族人民都要到马头山进行祭拜，以求感应神灵的旨意和心灵的慰藉。特别是每年的火把节，每一次圣火的点燃就是马头山与神灵的一次对话，更是彝族人民美好祝愿的一次表达。这种最朴素的情感永远与马头山联系在一起，根植在易门彝族人民的心灵最深处。

这就是马头山，一座缔造彝族文明的山，一座引领民族精神的山，易门彝族人民心中永远的圣山……

马头山远景

马头山隐秘之地——地河坝

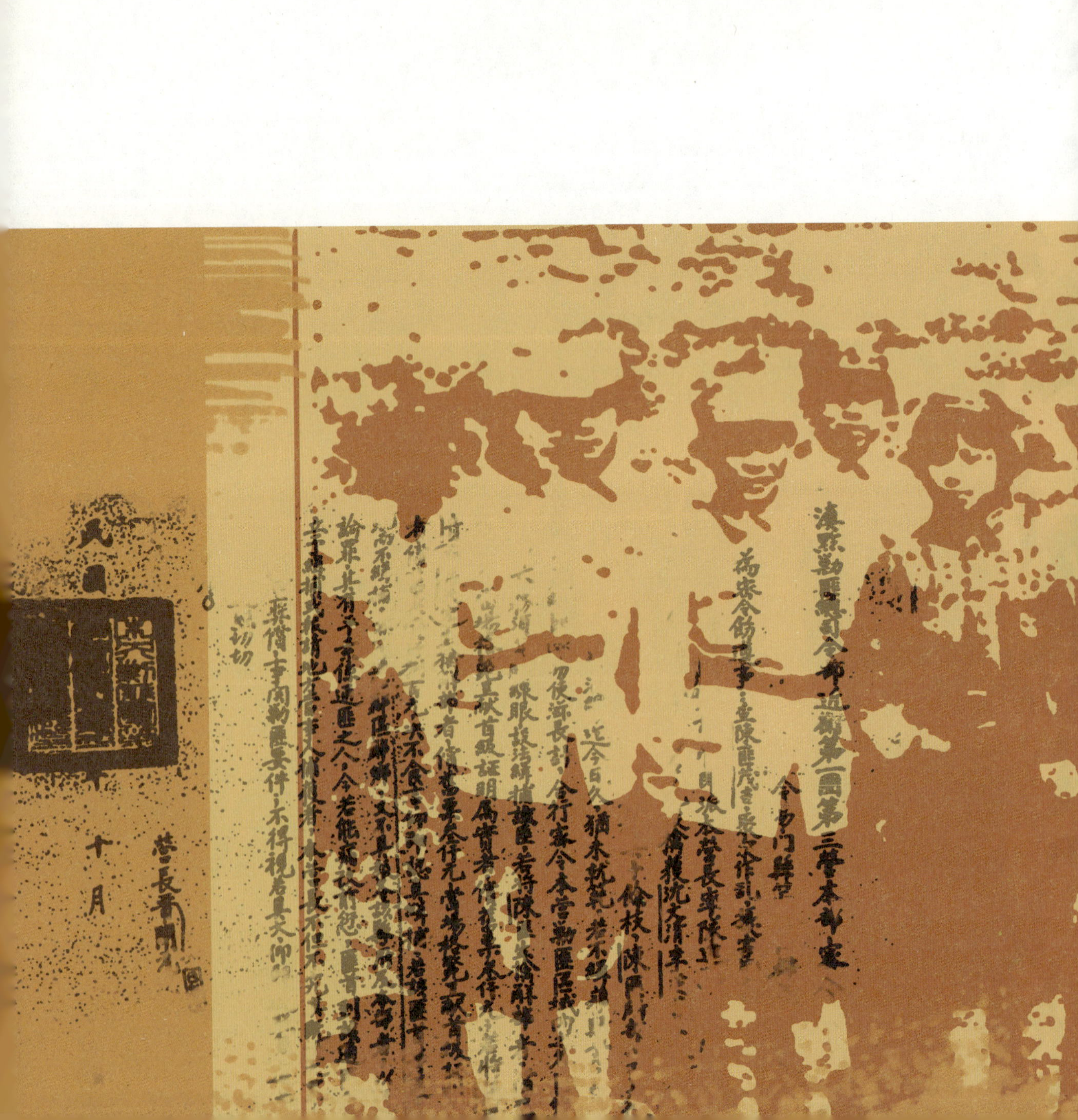

蓝色水渊深处的红色惊叹

从水的温度中诞生的生命最终消失在哪里？那些从人类生命的原乡带来的如水一样纯净和蔚蓝，如天空一样高远和纯洁，如赤红的土壤一样热烈和奔放的精神品质在哪里丢失了？人类前行的漫漫征途中究竟需要什么样的心灵皈依支砌？当太阳从江河上升起，水波中荡漾着一片动人心魄的红，那些离去不远的身影纷纷浮现，恍惚间我们似乎听见了他们在风雨弥漫中发出的生命呼喊，如同箴言般随风传颂，萦绕着人类前行的步伐，经久不息。

滇中第一个党支部

滇中第一个党支部在哪里？当我们沿着林荫寥闲的幽径前行，理想的源头出现在路的那端。

滇中易门，从来不只是一个地理符号。时空回转，在昆明回眸，滇池往西再往西，就遇见了1928年的易门。那年的4月，或纷飞小雨，或艳阳高照，龙泉水自大龙口缓缓流淌，在易门城山下峰回路转，把易门坝子分成两半，以一道闪电的姿势向东流去，那是太阳升起的地方……

一年前的春天，4月12日，国民党右派发动反革命政变，对共产党进行血腥屠杀。然而，在一年后的1928年，同样的4月，在滇中易门，一个不起眼的小村庄——杨家龙潭，某一天，中共云南临时省委（省临委）派吴少默、王复生秘密来到易门，在杨家龙潭组织召开党员代表会议，成立中共易门县支部。

“山不在高，有仙则名；水不在深，有龙则灵。”这个有水、有龙的杨家龙潭，因为滇中第一个党支部的成立，吸引了越来越多人的目光。

沿着杨家龙潭秘径
寻访先烈的足迹

相隔 86 年后，我来到了杨家龙潭。

往大龙口方向，刚迈出城市，便与森林撞个满怀，顺龙泉河逆流而上，随易门文化长廊蜿蜒，绕过一个小山坡，一个叫杨家龙潭的小小村庄映入眼帘，豁然开朗。村口有一个不大的池塘，四周绿树成荫，格外清凉。这三面临山，确切说，更像被一座山伸出的两只触角包围着的村庄，我试图猜测，这散落在林间的屋子，哪一间是党支部成立的旧址呢？跟随知情人指引，穿过村子，绕一片竹林、灌木丛，诺，这就是了……我很惊讶，这，就是我一直在找寻的地方？这，只是一片接近山坡、不易发觉的开阔地，没有任何建筑，没有什么特别标识，甚至没有可以遮风挡雨的地方……

失望、感伤、酸楚、震撼……我在记忆中搜索、整理，却始终无法找到一组合适的词语来表达当时的心情和表情。

86 年前，一群年轻人，聚精会神，或盘膝而坐，或倚树而立，就这么围拢在一起。这时候，阳光正好穿过林子，从山坡上洒下点点光影，在他们脸上、身上跳跃。一群蚂蚁从他们脚下穿越，张罗着丰盛的晚餐。几束野花开得正茂，一对蝴蝶无意间闯进他们的视野……对于我们来说，正好享受这一段闲逸、宁静、安详的时光。然而，这诗情画意般的景象，仿佛都与他们无关，或是无暇顾及和享受……我闭上眼睛，似乎可以听到他们发自内心的声音。在这次会议上，没有磅礴的气势、振奋人心的呐喊，也没有挥臂高呼的口号，只有在内心深处，一个坚定的信念、一份执着和坚持，志同道合，让大家走到了一起。这一群年轻人，从这里开始，在滇中易门这片热土，把马克思主义、共产主义信仰播种。一个个震撼山河的声音在时空中回荡：反帝、反封建，打倒土豪劣绅。历史不会忘记，易门的早期共产党员——黄洛峰、李裴如、高承武、谢楚生、王国兴、艾小堂……

20 世纪 20 年代，云南省立第一中学图书管理员李国柱

寒假义务学校总校旧址（原龙泉小学）

以“唤醒云南青年”为宗旨，在省立第一中学进步学生中秘密组织了“云南青年努力会”。并先后在省立第一师范、女子中学等学校和单位发展成员，成立支部和小组。到1926年底，会员几乎遍及昆明各中等以上学校，成为领导云南青年革命运动的核心力量。

那个时期，正值第一次国内革命战争掀起高潮，国民革命和共产主义思想通过共产党人、进步人士所创办的刊物在云南传播。黄洛峰、刘惠之、王旦东一批青年学子，热衷于阅读进步刊物，与其他社友一起以散发传单、漫画，组织群众集会，演出进步戏剧等形式对民众进行宣传和发动，积极投身民主革命运动。黄洛峰、艾思奇、刘惠之、王旦东、艾芜从这里开始，结成了一生的革命战友。

1926年11月，中共云南特别支部在昆明建立了。地处边疆、民族众多的云南，开始在以马克思主义为指导的中国共产党领导下，进行新民主主义革命。

黄洛峰

整个昆明热闹了、沸腾了。昆明学潮一浪高过一浪。"反帝、反封建，打倒土豪劣绅"的思想让进步学生热血沸腾。到易门办"义务学校"，这是1926年寒假。举办义务学校，这是新的创举。"易门旅省学会"负责人刘惠之、王旦东等召集，"义务学校筹备会"积极行动、广泛宣传，动员同乡、社会各界积极募捐，支持义校活动。在昆明读书的易门籍学生纷纷行动，邀请了十多名外省籍学生，这其中就有后来成为著名作家的艾芜和人民出版家黄洛峰。

三十多人参加第一期寒假义校。他们在易门县立高等小学堂（原龙泉小学）设立了"旅省学生第一届寒假义务总校"，由刘惠之担任总校长，总校下设县城、小龙口、上江口、小街四个分校，由吴和生、吴稻民、张永泰和王旦东担任分校长。

义校打破了乡村学校不招女生的封建戒律，1500多人踊跃报名参加学习。一时间，从七岁的初生牛犊直到四十多岁的成年人，甚至为数不少的家庭妇女，在课堂里、在操场上，如此庄严和认真地吸取知识营养。路过学校，好奇的人们总会侧耳细听，从里面传来的朗朗读书声……每天早上学校都会集中在操场开会，师生们集中在操场上，一起合唱：

> 荒山穷苦，一朵鲜花开放。光华灿烂，遍地飘香。此花何人种？旅省学生种。此花何人栽？阖邑父老栽。此花何人施润泽？吾师雪里送春来。愿大家专心努力，促此花尽量滋长，为我邦国光。

易门县城原本就不大，中华民国建立不到二十年，坐在小茶馆里陶醉花灯小调、评书的茶客，忽然听到从小学堂传出男女学生同唱的现代歌曲，着实让人吃惊。他们或许不知道，这是易门青年才子王旦东专门为义校谱曲、填词创作的

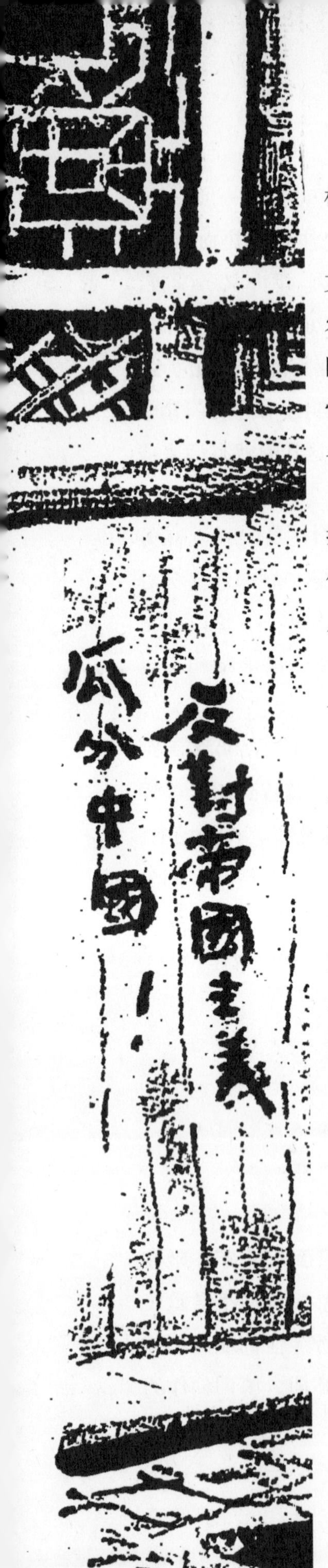

校歌。

义校不收学费，还免费发放铅笔、纸张等学习用品。开设国文、算术、音乐、体育、美术等课程，通过各种形式，向学生和农民群众宣讲陈规陋习的危害，破除封建迷信思想，积极倡导爱国、民主、科学等进步思想，宣讲国内、国外时事，讲广州革命情况……启发民众翻身闹革命的觉悟，为后来易门发动农民武装斗争播下了革命的火种。

这个冬天，整个易门热闹了。1927 年春节前后，义校组织排演了《乡城亲家母》《可怜闺里月》《孔雀东南飞》《日本公使》《欢迎舞》《家雀和小童》《葡萄仙子》等花灯、话剧和歌舞，用艺术的形式开启和增强了易门民众反帝、反封建，争民主、争自由的进步思想意识。除此之外，义校还组织召开学生体育运动会，规模之大，在易门尚属首次。

在赶集的日子，细心的民众会惊奇地发现，义校的女老师们成群结队走上街头，宣传解放妇女的“天足运动”，解开小脚、剪短头发……

这个假期，义校还组织开展了“倒文”运动，将文暄罪行编印成《告民众书》公之于众。以漫画、传单、标语和大字报等揭露文暄的血腥发家史。以举办“提灯会”的方式进行游行，终于将担任易门劝学所所长职务十余年，贪赃枉法、徇私舞弊的“文霸天”（文暄）拉下了马，一时间民众奔走相告、大快人心。

两个月的假期匆匆结束了，黄洛峰、艾芜、刘惠之、王旦东等青年学生在易门开办义校的善举，对易门民众的思想和生活悄然发生着变化和影响……随后的十多年，旅省学生回乡开办的义务学校一直在易门延续着。受易门旅省学生活动的影响，祥云、建水、石屏等旅省学生也积极回乡开办义务学校，为云南革命斗争发挥着积极作用。

1927 年的夜，很黑很黑。国民党右派发动“四一二”反革命政变，很多革命先驱倒在血泊中。而勇敢的人，却更加勇敢和坚

寒假义务学校小街分校旧址见龙寺（今小街县政府）

韧。这一年 8 月，黄洛峰加入了中国共产党。

1927 年底，中共云南省临时省委（省临委）成立，根据中央“到农村中去，到工厂中去，到军队中去”的号召，工作重心转移到铁路沿线，蒙自、个旧厂矿和滇南农村坚持斗争，做深入工农的艰苦工作，领导工人的日常经济斗争，领导农民做减租减息斗争。

省临委研究认为，易门举办第一期义校期间，通过开展新文化运动，传播科学文化，宣传革命思想，反封建、反贪官污吏斗争，赢得了社会的支持，为党在易门开展工作创造了条件。1927 年寒假，省临委指示中共党员黄洛峰（黄凯）、李裴如（李凡）等接受易门县教育促进会的邀请，以第二期义校教师的身份做掩护，再到易门，开展宣传革命理论，秘密发展中共党员，建立党组织，逐步发动农民运动，开展反帝反封建斗争。

在第二期义校和师资培训班上，黄洛峰、李裴如等共产党员以宣传“三民主义”“建国大纲”为掩护，教唱《国际歌》，宣传革命先驱李大钊、陈独秀等人的革命斗争事迹，举行列宁逝世纪念活动，全面开展马克思、列宁主义、共产主义和中国革命斗争简史等宣传教育，秘密发放传阅赵祚传同志编辑的《四字经》等革命传单。激发了学生们的爱国热情，增强了大家加入共产党、投身革命的决心。先后有谢楚生、艾小堂、许昌丽、杨树森、王国兴、马浩等三十多人加入了中国共产党。

就这样，1928 年 4 月，滇中第一个中国共产党支部——中共易门县支部成立了。会议任命 19 岁的黄洛峰为支部书记，李裴如任副书记，高承武、王兴国、谢楚生、艾小堂、赵小峰为支部委员。根据工作需要，党支部设学运、农运、兵运、联络四个组。

党支部建立后，积极组织学生、群众开展反帝、反封建，

倡导爱国主义。按照党的“八七”会议提出的“把工作的重心转向农村”的指示，组织农民运动，开展反对苛捐杂税、反对侵占农民利益的斗争。栗粟村二十多户人家都是地主的佃户，每年还要向地主交总产量60%～70%的地租以及鸡、蜂蜜、黄豆等物资，在地主家红、白喜事时，还要出义务工抬轿子、抬滑竿、抬棺材……农民的生活极为艰苦，敢怒不敢言。看到这些，谢楚生、王国兴、王兴植等人燃起心中愤怒的火焰，他们走村入户，组织发动农民抗租抗捐，揭露地主的剥削本质，动员群众起来反抗。消息传出，群众积极响应农运组的“反苛”宣传、斗争，大胆跟地主“叫板”。地主老爷又急又怕，终日惶惶不安，看着一天天壮大的“群众”力量，最终同意减租、减少捐税……农运斗争首战告捷。

这年的4~5月，在党支部的领导下，易门革命活动异常活跃，宣传马列主义、共产主义、反帝反封建、反压迫反剥削、提倡自由平等的“红色”大字报、传单“忽如一夜春风来”，纷纷出现在街头、县府的墙上……栗粟村抗苛捐胜利的消息，让当局如坐针毡、惊慌失措。虽怀疑为黄洛峰等“新青年”所为，但又抓不到证据，无从下手，只得散布流言，反映黄洛峰、李裴如等人思想偏激、行为不轨，会把学生教坏。急欲赶出易门。消息传到学校，一石激起千层浪，党支部借机以学生会名义，组织学生上街游行示威、请愿，要求留下老师继续任教。游行队伍高唱《国际歌》《五四运动歌》《打到列强除军阀》等进步歌曲，高呼“打到土豪劣绅”“清除贪官污吏”等口号……一个不大的易门县城，一时间人声鼎沸，一些群众被学生感染，加入游行队伍。最终，县府不得不同意与学生代表进行谈判，几轮斗争之后，最终撤换了教育局长……学生运动点燃革命的星星之火。

易门党支部甚至还策划过武装起义，但考虑到云南革命运动的现实，没有得到省临委批准，易门的革命运动以学生运动、农民运动为主。

之后，易门的党组织进一步发展壮大，安宁、易门、禄丰三县

特委成立，随后中共易门县委建立（据 1928 年 7 月在莫斯科召开的中国共产党第六次全国代表大会历史资料，易门已经建立了县委）。

1928 年 10 月 13 日，黄洛峰以易门代表和交通员身份，出席在蒙自查尼皮村召开的云南第一次党员代表大会。1929 年，省临委的吴绍默、王复生先后由艾小堂陪同到易门检查、指导工作。至 1929 年 6 月，云南省有中共党员 556 人，县委 5 个，支部 68 个。其中，县委分别是易门、嵩明、蒙自、个旧、石屏。

1930 年 12 月底，省临委负责人王德三、吴澄等同志被反动派杀害，在敌人的白色恐怖下，易门党组织与上级失去联系而停止活动。易门是云南党组织建立较早的县，是滇中最早建立的中共党支部。党组织开展的革命斗争积累了很好的经验，它宣传的马克思主义信念鼓舞着易门各族群众为撕破黑夜、迎来黎明的曙光而英勇斗争。

滇中第一个中共党支部诞生地——杨家龙潭

两兄弟、三兄妹携手革命路

一个人要走多远的路，才能说出生命的意义？一条路需要多少人一同行走，才能被人类的光辉照亮？

20世纪初的易门，门不易开，其实是封闭的。交通不便利，经济不发达。文化教育就更不必说了，1939年前，上初中必须到省城昆明就读。

这就有了走出易门，到省城求学的一批又一批青年学子。

那时，边陲云南在大革命风暴的影响下，进入了一个风起云涌的时代。昆明正处在社会大动荡的漩流中心，身临其境的这帮年轻人，他们紧跟时代的潮流，勇立潮头，融入时代大潮，书写着自己的人生。

在这些人中，他们的际遇不同、道路不同。王旦东、王浩兰和王美兰是同宗兄妹，刘惠之和刘志汉是亲兄弟，都投身到革命中，这在易门是少有的。他们在革命斗争中相互结识、相互帮助支持，携手同走革命道路，在易门也是一段佳话。

王旦东出生在易门北部的小街，那是群山缝中的一块小平地，

大大小小十多个村庄分布在这里，易门境内最高的老黑山静卧这里，王旦东家老屋依山而建。老黑山下的黑龙潭，一汪清泉，静静流来，滋养了这块洼地。又向东，不断融入其他山箐来水，白龙河在埇吉村流入了今天的岔河水库。埇吉村，便是王浩兰、王美兰的出生地。

水向东行，流量渐渐大起来，再向南折，称扒河，穿行山谷中，在十街汇入绿汁江。

朝阳，绿汁江下游群山中的一个村落，这是刘惠之、刘志汉的家乡。

绿汁江，一条群山深处的河流，孕育了那些勇于走出大山，像江水一样向前奔走的易门人。

他们相聚在昆明。

昆明，使他们认识了以“唤醒云南青年”为宗旨，在省立第一中学进步学生中秘密组织云南省第一个进步组织——

刘惠之和夫人王浩兰

刘惠之和刘志汉的
故乡——朝阳村

云南青年努力会的李国柱。也认识了大理人黄洛峰、李斐如，四川人艾芜等。他们怀着满腔的热情学习新知识、新文化，积极投身民主革命运动。

新思想的教育给在昆明读书的易门学生带来了力量，鼓舞着他们去改变自己的家乡，他们创造性地进行反封建活动，筹划回家乡举办义务学校，向家乡父老宣传新文化、新思想。

1927年春意盎然的时候，身为“旅省学生会”会长的刘惠之等经过前期的准备，三十多名在昆明的县内外学生步行来到易门，举办寒假义务学校，在长达一个多月的时间里，给父老乡亲举办了一场余韵无穷的新文化盛宴。他们以崭新的思想、新颖的表现方式，冲击着顽固的封建思想和封建势力，古老的山乡，吹入一股清新的风。

1927年是个不平静的年份。第一次得到锻炼的青年学子，在与封建势力做斗争中，遭遇强大封建势力的抵制和反击，促使他们对这个社会做出思考。此时，国共两党合作进行的第一次大革命正蓬勃发展，北伐战争节节胜利的喜讯，广东等地的革命战鼓，呼唤着有志青年。为寻求一种能真正解决社会问题的方法，怀着极大的热情，寒假返回昆明的旅省学生，勇敢地走出了云南家乡，走进更广阔的天地，开始他们又一新的历程，滇中热血青年，为国为民，八千里路云和月，壮怀激烈。聂耳、郑易里、楚图南等一大批人物在他们的生命轨迹中相遇。

4月，刘惠之、王旦东到广州寻求救国富民之路，此时他俩一个20岁、一个22岁。风云突变，国民党反动派在广州屠杀革命同志，两人中途转道上海，国民党反动派也正在那里进行血腥屠杀。在同乡的帮助下，刘惠之在沪一个多月，阅读了许多进步书籍，也了解到日本明治维新后工业发达、国家强盛的情况，他和当年许多的热血青年一样，怀着工业救国的幻想，决心留学日本。家境贫困的王旦东考入上海劳动大学。在4年的读书期间，没有经济来源的王旦东一面半工半读坚持学业；一面积极参加爱国运动，参加上街游行、飞行集会等，加入学校劳动剧团，演出进步戏剧，多次受到校内右派分子的恐吓和威胁。1928年五一国际劳动节，因王旦东和同学到上海跑马厅演讲一事被学校发觉，他被迫转校到农学院就读。

5月，刘惠之东渡日本求学。大洋浩瀚，水天一色，苍茫无边。他没有时间欣赏，怀着激动的心情，正在专心补习日语。他是那么急于想了解、熟悉这个国家，学习它的长处来救国救民。大海的波浪使刘惠之联想起家乡那些像海浪一样无穷无尽、连绵起伏的群山。将至异国，他想起第一次离开家乡的情景。那年，13 岁的他背着行李，随马帮的步履，从绿汁江峡谷的深山走出，翻过一座又一座的大山，家乡在身后成为一抹山岚，最后消失不见，远方却越来越清晰，一步又一步，一景又一景，走到省城昆明求学。此时，走出国门寻求救国之术，他没有想到，在短短三年内，他会两次踏入这个国家，会在他乡，进入异国的牢狱；他没有想到，他的一生，历经了党、政、军、文、教等行业；他也没有想到，此后的锦绣年华，都将在革命的路途上奔走。刘惠之的一生，日本、缅甸及北京、上海、昆明、成都、延安和东北，国内、国外，东南西北，都留下了他的足迹。有时，家乡，在咫尺却如天涯，难得回家一趟。只有在夜深人静时，才能回忆起家乡和亲人。只有在追逐西北黄沙、东北雪原的间隙，才会想起十街河那温暖的冬天，满河的甘蔗。还有那红叶如枫的黄连树，声调急促的布谷催春声。他也许会想到要学习先进的科学技术，在家乡修一条公路，在绿汁江上修筑电站（20 世纪 80 年代，刘惠之回家乡，协调修筑了一条通往老家的路，并协调开挖水渠）。

刘惠之到日本后，考取东京高师（即后来的东京文理大学），一面读大学，一面积极参加留日学生政治活动，并加入了中国共产党在日本的秘密组织——“东京特别支部”领导下的“社会科学研究会”，积极与在日本并与日本当局勾搭的国民党分子做斗争。1928 年 5 月，日本在华制造了济南惨案，刘惠之随“日本各界反日大同盟”归国分团返回上海。同年，在上海加入了中国共产党，并在南通、启东负责党的工作。1929 年，根据组织安排，刘惠之再次东渡日本，进入东京高师学习，还带了王浩兰等三名女子同赴日本求学。到日本后，刘惠之因为进行革命活动，被日本当局逮捕，进入了日本人的监狱，他在监狱里继续坚持斗争。王浩兰经多方周折打听到刘惠之的消息后，每到探监日都去狱中探望他，两人相互鼓励，积极进行革命斗争。在艰苦的岁月里，两人也由同乡、同事、朋友发展为患难与共的战友和爱人。同时，从小喜欢音乐的

王旦东

王浩兰不顾家庭偏见，考入东京音乐学校弦乐科。

转眼，就到了 1931 年。

春天，刘惠之获假释回到北平（即北京。此时，刘惠之从以前的刘之汇更名为刘惠之）。刘惠之在北平、上海等地参加“教联”“社联”活动，并先后在北平大学女子文理学院、中国大学等处任讲师、教授，负责北平“世界语联”工作。翻译出版了《中国历史教程》《资本主义的发展》等进步书籍。这年，王旦东也由上海到了北平与刘惠之相聚，在北平加入“反日大同盟”及左联领导的“音联组织”，并介绍聂耳加入“音联”。他在王悦之、齐白石、李苦禅等的指导下，勤学苦练，全面掌握了素描、国画、水彩图案和版画的基本要领，在莫斯科和巴黎展出了《北平两极风光》《北平前门外即景》等作品。还创作了剪纸、小幅木刻等多种艺术形式

王美兰（后排左二）

的作品，以深刻的思想内容、强烈的政治色彩、浓厚的生活气息和明快的表现手法，获得同行和民众的好评。

1931 年，“九一八”事变发生，国门燃起狼烟。民族危机越来越重，在中国已经安放不下一张平静的书桌，白色恐怖却加重。10 月，大批日本留学生退学回国，回到国内的王浩兰经范文澜先生力争，转入北平大学女子文理学院。12 月，她参加了抗日救亡南下请愿活动。刘惠之、王旦东探望并支持。同乡和战友，短暂相聚在北京。为抗日宣传，北平之外，上海、山东青岛、江西都留下了他们的身影。王旦东于 1932 加入共青团，长期艰苦的生活，使王旦东染上了肺病。

这年，接到哥哥刘惠之的家书，刘志汉如约于 1933 年到北京。在兄长的带动下，走上革命道路。他加入了中国共产党，被党派赴苏联学习军事情报技术。

这年，17 岁的王美兰考入云南那所像云南陆军讲武堂一样著名的航空学校第三期机械科，当期录取学生 51 人，其中女性 11 人。

卢沟桥事变后，日本开始全面侵华，抗日烽火燃遍中国大地。

刘惠之在周恩来、朱德直接领导下，在昆明做军、政、文化、教育界上层统战工作。“皖南事变”后，在缅甸创办中共在海外组织的《侨商报》，并任社长。1942 年，回任重庆《新华日报》编辑。1944 年，到达延安中央党校学习。

王旦东在昆明组织第一个业余歌唱团（民众歌咏团前身），创作演唱抗日救亡歌曲，兼任第一电影放映队队长。筹办了昆明艺术师范戏剧科、“金马剧社”。运用话剧艺术形式，宣传中国共产党的抗日救亡主张，在中共地下党的引导下，王旦东及“金马剧社”的全体演职人员共同用生动的艺术形式，把进步的内容带上了舞台，为昆明的话剧舞台注入了勃勃生机。编写、组织演出《张小二从军》《茶山杀敌》等现代花灯剧本，用花灯形式宣传抗日救亡，花灯从民间走上舞台并注入了爱国主义和民族精神等政治内容。

1937 年冬，在上海读完医士学校的王美兰满怀激情，希望到抗日前线杀敌报国，在刘惠之的帮助下，与田秉秀（谭震林夫人原名）一道，从香港到临汾参加学习，分到武汉，加入新四军。自此，战地服务团三支队多了一个女战士。1938 年 10 月，她加入了中国共产党。1940 年 4 月，参加著名的何家湾阻击战。1941 年，“皖南事变”中被捕，关押在上饶集中营长达四年半。在非人的折磨中，她和敌人进行了顽强斗争。1945 年 4 月，通过曾泽生军长出面保出监狱，几经周折，回到昆明。

在解放战争时期，他们在为人民的翻身解放而努力奋斗。

1947 年，刘惠之被派到东北。1948 年，国民党第六十军在长春起义改编后，任该军秘书长兼政治部宣传部长，随军南下。

1945 年 8 月中旬到 1946 年 2 月初，在昆明做音乐教师的王浩兰在楚图南先生的动员和帮助之下，回易门中学任校长，成功打碎了国民党特务妄图在易门中学发展三青团成员的梦想。

1945 年 8 月，刘志汉带领中央军委机要电台参加著名的“上党战役”，破译了敌人之间往来的密码电报，为中央掌握

刘志汉

敌人的意图及兵力部署提供了准确的情报。在延安举行的庆功会上，中央军委表彰了有功将士，毛主席特别为军委情报部门请功，说："刘志汉是个英雄。"

1949年9月，王旦东到"边纵"朱家璧部队任"滇中艺工团"副团长。

在新中国建立后，他们在革命的道路上继续迈进。

王美兰，又名王轩，王浩兰五妹。1968年"造反派"要她交代与田秉秀等同志的"叛徒"关系时，作为一个有着坚定理想信念、坚持原则的新四军战士，她始终实事求是地写交代和旁证，于1968年7月20日，含冤自杀。水怀珠而川媚，人性之美孕育出光辉的色彩。

1950年，王旦东任昆明市委文工团团长；1953年，任云南省花灯团副团长。曾任省政协委员，省、市人大代表等职。1973年11月，王旦东在安宁病逝，享年68岁。王旦东在艺术上有很大的成就，对花灯艺术的发展贡献大，是一位集戏剧创作、编导和诗、书、音、画于一身的人民艺术家。王旦东一生在忧劳中且歌且行，一腔情怀，尽在艺术世界中展现，用花灯说尽。而今斯人已逝，唯有许多优秀作品仍在传唱。

新中国成立后，刘惠之由部队转业到地方工作，先后担任最高人民检察署（后改为检察院）党组成员、副秘书长兼审判监督厅厅长，后又任全国交通运输专门检察院副检察长。1958年，被错划为"右派"，下放到黑龙江省工作，后任黑龙江省图书馆副馆长。1986年1月14日，在哈尔滨逝世，终年79岁。正如一位作家所说，刘惠之的经历完全可以写成一部厚厚的书。他从少年时代投身革命，一生坎坷曲折，一生光彩照人，只有在风暴中才能得到安详！

新中国成立后，王浩兰担任了昆明师范学校艺术科主任，当选为昆明第一、二届市人民代表和同届政协委员。1995年9月，第四次世界妇女大会在北京召开，大会筹备处派专人向她征集资料，她所提供的一万多字的口述史录音被"世妇会"和"中国妇女博物馆筹备委员会”收藏，并颁发了“荣誉收藏证书”。1997 年 12 月 9 日，王浩兰逝世，终年 90 岁。

1955 年万隆会议和 1964 年周恩来总理访问亚非十四国期间，刘志汉为中国代表团做前导，几次往返昆明。由于保密工作的需要，他在昆明的日子，始终未离开工作地点巫家坝机场一步。2004 年 9 月 21 日，刘志汉因病在北京逝世，享年 91 岁。《人民日报》、新华网报道：胡锦涛、曾庆红、贺国强、贾春旺和刘复之等以不同的方式，对刘志汉的逝世表示哀悼，对其家属表示慰问，这位在隐蔽战线上奋斗了一辈子的革命战士进入人们的视野之中。

革命之花，永远绽放出绚丽的光芒。

此花何人施润泽？吾师雪里送春来。望大家专心努力，促此花尽量滋长，为我邦国光。

王旦东的故乡——小街甲浦大村

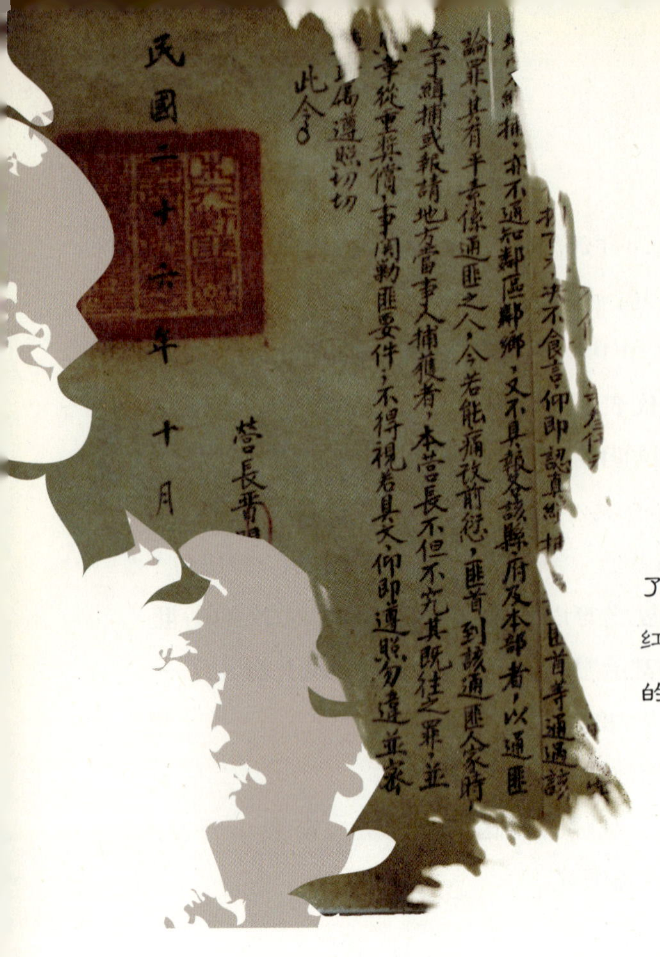

……不食言仰即認真……匪首等通匪諸……
……捕，亦不通知鄰區鄰鄉，又不具報令該縣府及本部者，以通匪
論罪。其有平素係通匪之人，今若能痛改前愆，匪首到該通匪人家時，
立予綁捕或報請地方當事人捕獲者，本營長不但不究其既往之罪，並
從重獎償。事關勦匪要件，不得視若具文，仰即遵照勿違。並飭
……屬遵照切切
此令
營長晋……
民國二十六年十月

一支红军式的革命队伍

红军来过了，红军走了，红军又出现了……一个仅仅和红军喊过话的人，却让红军的理想像马缨花一样开满了滇中地理的山川河谷。

滇中红土高原，云岭逶迤泼洒，哀牢巍然耸立，青山苍茫，夕阳几度。在历史的刀光剑影里，红军长征播散的革命种子曾在这里开出灿烂红花，“楚易双峨游击大队”活动于易门、晋宁、峨山、双柏等地，红军的火炬在暗夜里闪耀着绚丽夺目的光芒，火红的旗帜谱写着红土高原上一段英雄的华章。

伴随着春花秋月、松涛鸟鸣，一个相貌威武和一个稍显清瘦，脸上呈现着刚毅果断的汉子出现在幽静的深山中。他们的游击队像马缨花一样盛开在云岭、哀牢山的千山万壑，像寒冬的山茶一样迎风绽放，鲜红的旗帜在滇中大地上高高飘扬。

相貌威武的是陈世昌，易门县人，字茂吉，力气大，能抱起石狮子面不改色。人生的际遇往往呈现出许多的奇妙，少年贫苦，没有条件去读书的陈世昌，在19岁时为找出路——“当兵吃粮”却一路青云。1931年，刚30岁的陈世昌在那些有身世、有背景军官

陈世昌

的羡慕、嫉妒中晋升为易门团防大队副大队长。1935 年，陈世昌被派往地处滇西要道，战略地位十分重要的楚雄，任常备队分队长。在这里，他结识了云南团防督练处分处副官杨家贵，以及团防分处处长李毓萱的侄子李发顺等。

有前途、地位，不会再为生活而焦虑的陈世昌有一颗忧国忧民的心，与那些新旧权贵，一心想往上爬的国民党军官们格格不入，小时候就喜欢看《水浒传》的他内心深处是无法排遣的寂寞和孤独。在 1935 年那个内忧外患纷繁的年代，他通过国民党内部信息，在图书馆看书、看报，了解到共产党的事迹，也了解到日本侵华的事实，及国民政府“攘外必先安内”的政策。在图书馆，陈世昌或拍案而起、或仰头长叹，时常流露出对时事满怀愤懑之情，拳拳忧民爱国之心尽露于形色，却又苦于路在何方。

中共云南临时工作委员会（临工委）派往楚雄进行革命活动的张承恺注意到了陈世昌的进步言行，在党小组与当地军队活动中主动与他结识，向他宣传中国共产党的主张和行动，心中充满理想的陈世昌对共产党有了进一步了解。莫道行路难、多歧路，在那个风雨如晦的年代，在人生的十字路口，陈世昌显示出其生命力的卓尔不群、刚强和对正义的追求，他毅然不计现有名利前程，加入了中国共产党。

陈世昌在党小组的活动中得到了锻炼，找到了前进的方向和动力。从此，他在革命的道路上奋勇向前、不断成长，生命历程也因此绽放出绚丽的光彩。

1936 年 4 月 15 日下午，经楚雄支部的事先决定，红军部队进攻楚雄城时，陈世昌配合红军一举攻占楚雄城。第二天，陈世昌想追随红军北上未果。也许，目睹革命队伍后，陈世昌就有了组织一支队伍闹革命的想法。5 月，陈世昌就向临工委领导人李浩然提出了组织武装斗争的建议和具体设想，他的想法和临工委当时的方针是一致的。7 月底，多次

听取陈世昌汇报情况后，临工委研究决定，同意组织武装斗争。9月，陈世昌和12名“把兄弟”到三街区公所夺枪，准备拉一支队伍。这次行动后来称为“三街暴动”，因当时是晚上9点多，天下大雨，对当地不熟悉的弟兄们在到汇聚地点途中走散，有的被俘，有的牺牲。陈世昌也在途中被俘。

第二天，从敌掌脱身的陈世昌只身辗转潜回易门。不是他要回来寻找避风港，而是要在家乡进行更大的革命行动。之前，陈世昌邀请李浩然到过易门，察看易门的地形和考察了解各方面的情况。陈世昌此番回到易门，就是要利用自己的优势，暗中组织骨干，蓄积力量，酝酿更大的军事行动。

1937年初，一个操外乡口音的汉子到易门悄悄打听陈世昌的行踪。他就是这支部队的另一主角杨家贵，罗茨人，枪法准，有“神枪手”之称，一个性格开朗、行动果敢的汉子。三街暴动时，他手起刀落，一刀劈死妄图逃跑的区丁，镇住了区公所人员，夺得了他们的枪支。

杨家贵的到来，使陈世昌如虎添翼。两人分工协作，要组建一支游击队，像刚到过楚雄的红军一样，打土豪、分田地、闹革命，在滇中地区开展武装斗争。

为了装备队伍，两人策划了夺取易门县常备队枪支武器的行动，此次行动因泄密没有成功，后来又组织队伍奔袭禄丰县米川乡（今易门县二街）夺枪，成功取得了一次漂亮的游击战胜利。

要展开武装斗争，建立一支队伍，人员和立足之地是最重要的组成部分。陈世昌在易门有广泛的人脉，在县城一带利用各种关系开展工作。杨家贵到了昆阳（今晋宁）内九区木鲊一带发动群众参加游击队。

木鲊，晋宁县地，处于易门、峨山、晋宁三县交界点，离三县县城都较远。明朝时，木鲊属于莽甸的一部分，和易门马头山彝族人民反明斗争紧密相连，参与斗争长达百年之久。从进行游击战争来说，木鲊符合建立游击队根据地的条件，后来游击队立足时间最

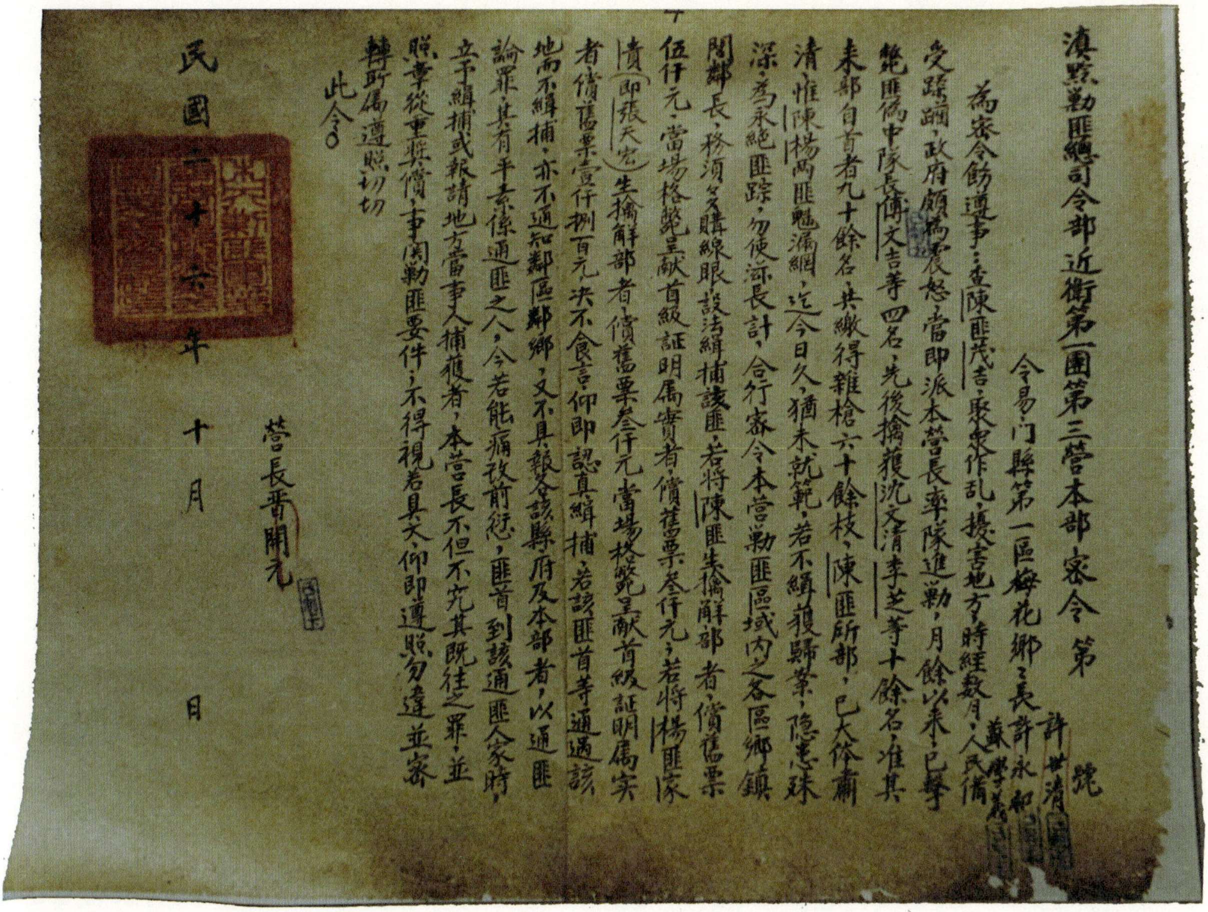

滇黔勦匪總司令部近衛第一團第三營本部密令 第 號

令易门縣第一區梅花鄉鄉長許永和 許世清 蘇學義

為密令飭遵事：查陳匪茂吉、聚眾作亂，擾害地方，時經數月，人民備受蹂躪，政府頗為震怒，當即派本營長率隊進勦，月餘以來，已擊斃匪偽中隊長傅文吉等四名，先後擒獲沈文清、李芝等十餘名，准其來部自首者九十餘名，共繳得雜槍六十餘枝，陳匪所部，已大體肅清，惟陳、楊兩匪魁漏網，迄今日久，猶未就範，若不緝獲歸案，隱患殊深，為永絕匪蹤，勿使滋長計，合行密令本營勦匪區域內之各區鄉鎮閭鄰長，務須多購線眼，設法緝捕該匪，若將陳匪生擒解部者，償舊票伍仟元，當場格斃呈献首級証明屬實者，償舊票叁仟元，若將楊匪家貴（即張天官）生擒解部者，償舊票叁仟元，當場格斃呈献首級証明屬實者，償舊票壹仟捌百元，決不食言，仰即認真緝捕，若該匪首等通過該地而不緝捕，亦不通知鄰區鄰鄉，又不具報給該縣府及本部者，以通匪論罪，其有平素係通匪之人，今若能痛改前愆，匪首到該通匪之家時，立予緝捕或報請地方當事人捕獲者，本營長不但不究其既往之罪，並照章從重獎償，事關勦匪要件，不得視若具文，仰即遵照勿違，並密轉所屬遵照，切切

此令。

營長晉開元

民國三十六年 十 月 日

国民党军队悬赏抓捕陈世昌和杨家贵的密令

长的就是木鲊和铜厂两地，从他们的活动中，我们是否可以认定这两个地方他们有过作为根据地的打算。

3 月，杨家贵带着几名队员到了木鲊。

此时的杨家贵，应该是身背大刀、腰别手枪，样子很勇猛。他来到一个陌生的地方开展工作，地霸、各种反革命势力派人到路口、山头站岗放哨，大造舆论说共产党游击队是打家劫舍、杀人放火的“土匪”，游击队来了要共产共妻，并规定十家人只准用一把菜刀。一些不明真相的群众一听说游击队进村，就拖儿带女往山沟里躲藏。

早春时节，看着满山满洼花未落尽的荞麦，杨家贵仿佛听到了四百多年前在这块土地上的呐喊。他坚信革命的烈火

会像那无处不长，生命力极强的荞麦一样在这里迅猛生长。经过和贫苦农民交朋友、拜弟兄，群众最终认识了这支队伍。一位小学教师带着十多个农民参加了游击队，几十名哈尼族、彝族青年也加入了游击队。

革命形势发展很快。

4 月底，在易门县甲浦核桃箐，一支有两百余人的游击大队（又称楚双峨易游击大队）成立了。陈世昌不再是弟兄们的大哥，而是一支起义队伍的大队长。刚加入中国共产党的杨家贵任副大队长。王仪任政治指导员。王仪（又名王元鼎、王介候），是省临工委下派的政治指导员，懂军事。这是红军队伍的标准组合，可惜的是，王仪在火烧浦贝战斗中牺牲。他牺牲后，游击队失去了和上级党组织的联系。陈世昌和杨家贵两人协作进行队伍的军事、思想、生活等的领导工作。

这一天，离家 6 年后，那个曾带兵击溃土匪、保护商旅，升了官、力大无穷的陈世昌又在易门公开露面。这位 36 岁有家有室、有理想、追求的中年汉子，不再是常备队的官员，而是反抗国民政府反动统治的红军游击队队长，当时的省府日报对他和杨家贵以及游击队的事迹也时有报道。在民间，演变为传奇故事，流传在易门及滇中地区。

这一天，在楚雄常备队有前途，在老家罗茨找不到人影的杨家贵也在易门出现了。当初杨家贵到易门不仅仅是与大哥相见，也不

是为了找个避身之所，而是要共同与敌斗争。后来，也有消息灵通的人知道，在五六月间，杨家贵又回到罗茨，卖了家中的房产。但谁又知道，卖房子得到的钱，杨家贵全部用来作为游击队的经费开支。

此后，游击队公开和云南反动政府进行对决。此时，距长征红军最后走出云南还不到一年。惊魂未定的云南政府还没来得及放松放松，在他们的统治中心又产生了一支以红军名义公开与现政府对抗的穷人队伍。

游击队向群众宣传：游击队“是红军过路留下来的”。“来这里招人、买枪，扩大队伍。等红军再来时，就跟红军北上抗日！”“穷人要先团结起来，斗地主恶霸，打富济贫。”这样的话语在老百姓中广泛地悄悄流传，像春天三月的风，吹醒了人心。贫苦百姓来参军了，没有拉丁，更不是强派强征。没有统一的服装，没有八角星，没有红军番号，枪支配备也不完整，队伍没有薪饷、条件艰苦、斗争艰巨。队伍所到之处，公平买卖，纪律严明。参加革命不是升官发财，只有艰险的斗争和生命的付出。红军是穷人的队伍，革命的信念和理想才是支撑行动的基础。游击队发动组织群众，打击地主恶霸，烧田契、分钱粮。即使在与敌周旋的紧张时刻，游击队所到之处，仍然严惩地霸、开仓放粮。

不做山大王，专打土豪为百姓，这是一支真正的红军式的游击队，老百姓拍手称快，土豪恐慌万状，他们向当地政府寻求保护，他们到省府告状，易门铜厂的去了，双柏大庄的去了。

红军是咱们的队伍，是亲兄弟。群众开始对游击队有了新的认识。游击队给老百姓带来了希望，赢得了人民的信任和支持。当年的弹洞已无觅处，英雄的事迹仍在民间流传和演绎。在绿汁河漫滩边的小村庄，一位八十多岁的老人，多年来还清晰地讲述着这么一段历史。他说陈世昌胆子大，敢拉人跟国民党对着干，县政府很怕他，他派兵每晚到县城外吹军号，县政府也不敢出城来抓他。有段时间，陈世昌常来家里找他的大哥，有时就住在家里。"那年，雨水来得特别早，五月份，绿汁江就发洪水了。五黄六月，没有吃的。陈世昌来啦，先是跟大富李某某商量，要他拿出些粮食救济老百姓。李某某不同意，陈世昌就带人把他家的仓库打开，抬出粮食，让附近的村民去领粮食。"有一天，"陈世昌的队伍来到江边，从水漫桥那里渡过江，藏在半山那个岩洞里。国民党军队追来了，带兵的是一个连长，不知道陈世昌的部队就在对面山上，也要从水漫桥那儿渡江，就让船老大把船抬了上来，船工们心想陈世昌是好人，不愿意给国民党摆渡江，船老大就给其他人使个眼色，暗示其他船工，等船到江心时把船弄翻，他们乘机潜水逃走，让国民党兵淹死江中。"他还说："那个国民党连长穿着笔挺的军装，腰里别着小枪，很威风，小兵在他面前点头哈腰，大气都不敢喘，他逼着船工把船抬到江边后，准备渡江。后来，他看看浑浊翻滚的江水，又下令不再渡江了。"据史料记载，就是这支军队，在易门欺男霸女、敲诈勒索，易门民众形容其行径是"兵篦"（形容官兵搜刮行为如篦子梳头）。

游击队没有一块稳定的根据地，也没有任何的外来援助，滇中地区是敌人力量最强大的地方，国民政府赏金千元，捉拿陈世昌、杨家贵。他们调动滇中各县兵力，甚至出动省府精锐部队来围剿这支队伍，敌人妄图以残酷的手段来打击游击队和对人民进行恫吓。有的游击队员被杀害，亲属也遭到迫害，游击队员彭海云被县常备队在浦贝弯腰树用铡刀铡死，又将手、头、脚挂在县城门上示众。

在艰难条件下和险境中，游击队和各县地方反动武装作战，与省近卫团敌军周旋，跋涉千里河山，闪闪的红星照耀着滇中的山山水水。从三街暴动到1937年12月队伍被打散，在东到晋宁，西到双柏、楚雄，南到峨山，北到禄丰之间的崇山峻岭、河谷平坝，游击队攻下楚雄三区、禄丰米川乡、易门三区、昆阳木鲊乡、双柏大庄乡五县五个区（乡）公所，击毙内九区区长和易门三区区长、易门常备队分队长。在火烧浦贝戏台之战中，游击队集中了兵力，分三路在县城、十街引诱易门敌军倾巢出动追击，并使从十街返回县城的敌军夜宿浦贝戏台。此时，游击队集结浦贝，于深夜对常备队采用火攻，给熟睡的常备队以致命的一击。这次战役，游击队采用了引蛇出洞、声东击西、分兵击破等计谋，表现出高超成熟的游击战术，不仅打击了常备队的嚣张气焰，而且使易门县常备队在后来与游击队交锋时，心有余悸，怕重蹈覆辙。在铜厂休整时，陈世昌派人每天晚上在城外吹冲锋号，但县政府却不敢出城寻找游击队，担心游击队会乘机对县城攻击，使游击队赢得了一段相对稳定的时间。在向竹子哨“进剿”时，敌军也没有出动全部力量，生怕中计，从而给游击队在竹子哨遭遇战中减轻了压力。我们在读有关游击队奔袭禄丰米川乡乡公所、智取三区区公所、巧夺双柏大庄区公所等精彩战斗的记载时，仿佛在看一些影视剧的经典片段，畅想当年游击队立马青山，以游击战术与数倍于己的敌人进行斗争，令人仍有热血沸腾之感。这支游击队和他们的英雄事迹，山河虽然不语，却已为他们镌刻在青山绿水间。

1939 年，在云南省地下党的帮助下，陈世昌、杨家贵先后都到了革命圣地延安，革命道路越走越宽。

抗战花灯，山村小调始登大雅之堂

花灯，以史诗的形式融入一个民族的抗战史的时候，我们心中涌起了对一个人的无限敬仰。

“正月采茶是新年，姊妹收拾到山前。姊穿红来妹穿绿，穿红穿绿好新鲜……”夕阳西下，在易门龙泉河畔一棵大如华盖的绿树下，围坐着一群老大爷和老大妈，优美、欢快的旋律正从石凳上的录音机里向四周播放。同行的一位长者说：“王旦东编导的《大茶山》真好听！”“王旦东是谁？”我脱口而出。长者意味深长地说：“王旦东是杰出的戏剧艺术家，易门人！”长者的话让我很惭愧，也很吃惊，这是我第一次听到王旦东的名字。

在县图书馆，我翻开尘封的资料：王旦东（1905.2.26—1973.11），原名秉心，字品三，曾用名丹东，云南省易门县北区上定乡（今小街乡）甲浦大村人，杰出的戏剧艺术家，云南花灯“新灯”的集大成者。“他没有高深的理论修养，只凭着对戏剧事业的执着、对民族民间艺术的热爱与寻找教育宣传的‘民众’接口的直觉，组织与发动了这么一场既有理论意义，又有实践价值的声势浩大的云南新歌剧运动，被当

时的学者誉为伟大的农民艺术。”（吴仪著《云南的新歌剧运动——王旦东与抗战花灯》）

一个偏僻山村的孩子，他是怎样掀起声势浩大的云南新歌剧运动的？我带着强烈的好奇心，寻着他的足迹：甲浦大村—小街乡—易门—昆明—上海—北平—昆明—安宁，试图解读这位戏剧艺术家的密码。

怀着崇敬的心情我来到王旦东诞生地甲浦大村，站在王旦东故居旁，看着斑驳的老屋，穿过时空的隧道，我似乎遥遥听见一个婴儿的哭声划破大黑山的沉静。我陷入沉思：1905 年 2 月 26 日注定是一个不平凡的日子，这一天，在云南省易门县小街乡，诞生了杰出的抗战花灯的开拓者王旦东。他在民族存亡的关键时期，投入轰轰烈烈的抗日救亡斗争中，谱写了不朽的篇章。

我仔细阅读王旦东的简历，来了解这位戏剧艺术家的成长足迹。

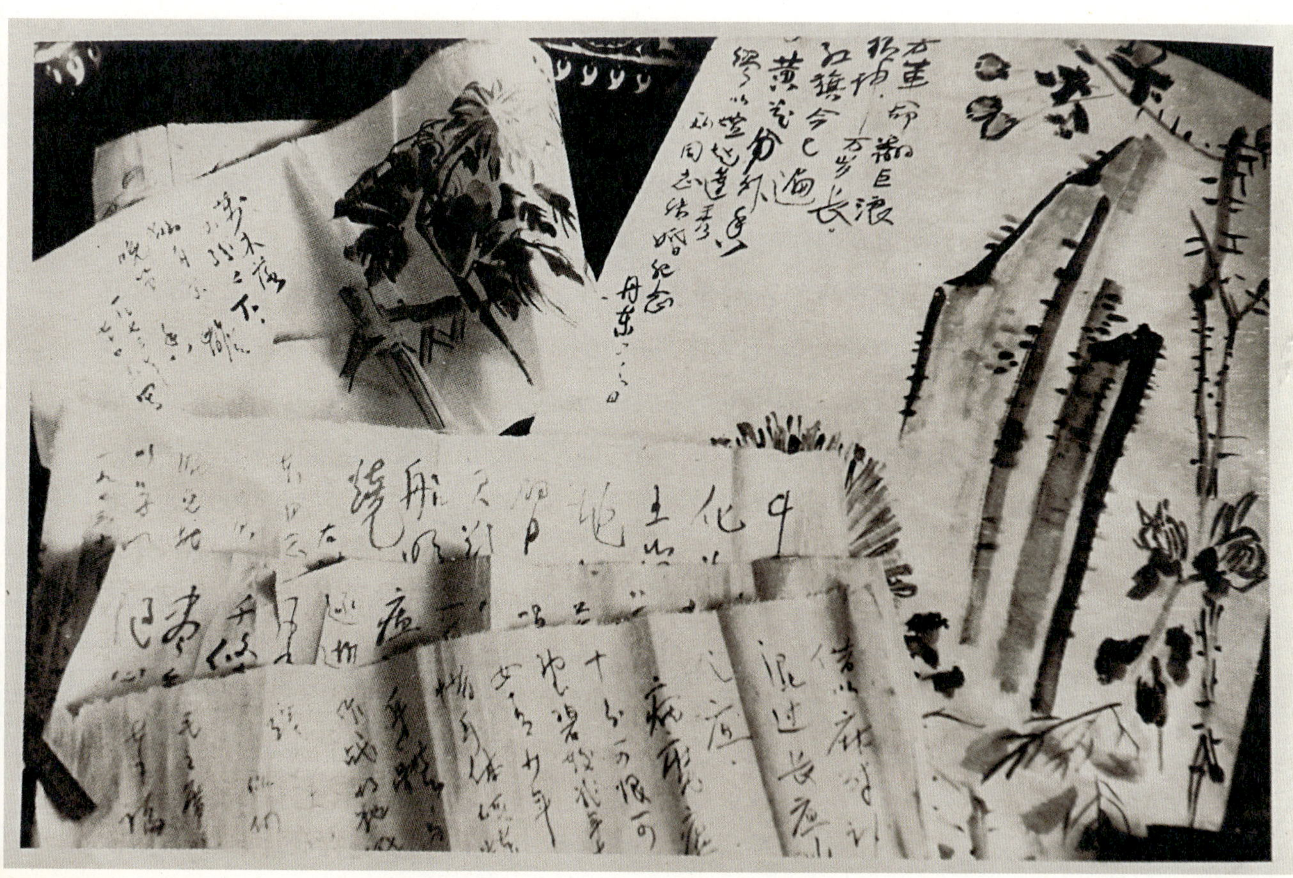

王旦东晚年创作的书画稿

“求学的孩童，必须到二十余公里外的旧县小学寄读。”（李贵良著《云南艺坛骁将王旦东》）就这样站在旧县小学的校园内，脑海中浮现了这样一幅画面：教室里，王用之老师正在给同学们讲述北平爆发的五四反帝、反封建爱国运动，同学们凝神静听，其中有一位男生，衣着朴素，双目炯炯有神，攥紧了拳头，他就是王旦东。可以想象，隔着千山万水，王旦东已经倾听到了“外争主权、内除国贼”的呐喊声，五四运动的浪潮深深地激荡着他年轻的心。

王旦东开始被时代进步的旋律所吸引。1923 年王旦东考取昆明联合中学读初中，1926 年以优异的成绩考取省立一中高级班文科。此时的昆明，正值第一次国内革命战争掀起高潮，“反帝、反封建，打倒土豪劣绅”的口号已响彻了昆明各大、中学校，昆明学潮一天比一天激烈。此时，也正是五四运动后，“爱美”（业余的、非职业）戏剧运动风靡全国、昆明的学校演剧此起彼伏的时候，联合中学和省立一中都是学生演剧、表现爱国主义思想的重要阵地，王旦东受到了戏剧为人生、为社会服务的熏陶。广州的革命高潮吸引着王旦东和刘惠之，1927 年的春天他们启程了，前往广州寻找救国救民之路。不料途中惊闻蒋介石发动“四一二”反革命政变，两人被迫改道，王旦东去了上海，并考入上海国立劳动大学。刘惠之去了日本留学。

我想，王旦东的求学经历正是他政治上和艺术上觉醒的开始，为他后来创作抗战花灯夯实了思想和艺术基础。

北平吸引着进步青年，王旦东于 1931 年到达北平追求革命真理。20 世纪 30 年代初期，国民党反动派对北平的革命运动进行残酷的镇压，城内外一片白色恐怖，在这极其艰难的环境里，北平的共青团员勇敢地站在斗争的前列，王旦东就是这些广大青年中的一员，在北平，他积极参加了一系列的进步组织，并于 1932 加入共青团。

他经刘惠之介绍加入了“北平反日大联盟”和“北平世界语联盟”，以饱满的热情和高昂的斗志，投入反日大同盟所组织的群众

王旦东

斗争中。

他与李元庆共同组织“音联”并担任秘书长，以音乐为武器开展抗日救亡的宣传教育工作。聂耳从上海到北平后，经王旦东介绍，加入了“音联”。王旦东与聂耳并肩战斗，冒着生命危险同台演出《国际歌》的场景深深震撼着我：“1932年，旦东曾受命到‘清华大学’举行纪念‘九一八’事变周年纪念会，其中旦东的节目独唱《国际歌》，由聂耳的小提琴为他伴奏。纪念会开始不久，国民党特务煽动右派学生闹事，殴打演出节目的人，这时，旦东无视危险，登台高歌，台下坏人用乱石打他，旦东的头被打破，鲜血直流不止，他屹立不动、歌唱不停，坚持把歌唱完，聂耳的小提琴拉不成了，改用钢琴为他伴奏，聂耳也受了伤。”（石铭著《艺术之花永芬芳》）此情此景，我看到了为宣传抗日英勇不屈、视

王旦东编导的花灯歌舞《大茶山》剧照

死如归的王旦东和人民音乐家聂耳。

他参加左翼剧联组织的活动，曾与邵惟一起导演过话剧《怒吼吧，中国》，还与著名演员白杨同台出演苏联进步话剧《第四十一个》的主角。而这时的王旦东“常常饿着肚子演完甲角演乙角，演了话剧又歌唱，还兼管舞台设计和后勤”。他诙谐地对同乡说：“戏演了几台，可是肚子仍没有个交代，紧紧裤带又过了一天。”（李贵良著《云南艺坛骁将王旦东》）由此我联想到了孟子的名言：“天将降大任于斯人也，必先苦其心志，劳其筋骨，饿其体肤，空乏其身，所以动心忍性，增益其所不能。”这正是对王旦东的真实写照。

王旦东任教北平美术学院，有幸得王悦之、齐白石、李苦禅等名师大家的帮助和指导。

可以说，王旦东正是经过“语联”“音联”“剧联”和“美院”实际斗争的锻炼和考验，政治思想觉悟不断提高，艺术才能日臻成熟，为他日后开拓“花灯剧”奠定了坚实的思想和艺术基础。

1935 年，在外颠沛流离的王旦东回到昆明，可是，在旧军阀统治下，王旦东只在旧教育厅找到个三等科员的职位，他以此为合法身份，与李家鼎等同志组织了昆明市第一个群众业余歌唱团，同时，筹建了昆明艺术师范戏剧科。1936 年，作为云南省教育厅第一电影巡回放映队的队长，被派往三迤各地去放映电影。但是我惊讶地发现，巡回放电影是王旦东创作抗战花灯的一个重要插曲。他绘制了《饿狼的下场》等抗日题材的彩色幻灯片放映，新词采用云南土语，唱腔采用花灯调，走到一个地方就用当地人熟悉的花灯曲调演唱，受到群众的热烈欢迎。王旦东从中受到启发，他看到了“花灯剧”发展的灿烂前景。

花灯即戏，人生如戏。如果把王旦东的人生看作是一出戏的话，那戏的高潮，恰恰是他的抗战花灯，而以往的经历，似乎都是为此所做的铺垫和积蓄。就像瀑布，其精彩动人之处，并非上游河水的浩瀚，也非中间断崖的陡峭，而是水到断崖处，那奋不顾身的纵身飞泻。我急于想了解王旦东“精彩动人之处”是如何铸就的。

据文献记载：云南花灯最早出现在明朝中叶，唱花灯在云南民间具有悠久的历史，为广大群众所喜闻乐见，但在新中国成立前，人们说：“好男不唱灯，好女不看灯。”王旦东在《从本省话剧运动说到灯剧运动》一文中指出：“1937年……那时花灯是被禁止的……士大夫一向视花灯为淫词滥调，低级趣味，加以推波助澜，花灯剧禁令虽无明文规定，已是不能活动了，改到都市来演出，又成了问题。再三请求教厅，才允准在民教馆试演一次。”

时间回溯到1937年，“七七”卢沟桥事变的枪声，标志着抗战的一天到来了。奋起抗战救国的洪流把王旦东卷入拯救民族存亡的火热斗争中，他邀请玉溪花灯艺人和昆明进步文艺工作者组织了文艺花灯队，继而经过多方努力组建了“农民救亡灯剧团”。有了剧团，王旦东根据自己多年来收集的素材，并发挥老艺人们丰富的实践经验和表演才华，采用“旧瓶装新酒”的方法，以玉溪花灯为曲谱基调，创作改编成《张小二从军》《茶山杀敌》《新别窑》《新四郎探母》等八个现代花灯剧。新编的花灯剧内容紧扣时代脉搏，由原来仅反映青年男女爱情、农村妇女的生活等狭小题材，扩大到反映轰轰烈烈的抗日救亡重大政治主题。艺术表现形式上开始有正式的剧本、剧情、唱词、曲调、音乐，建立了导演制度，严肃地设计了灯光、布景、服装、化妆、道具等，抗战花灯从题材、容量、格调和品位等几个方面或革新，或提升，或扩容地完成了云南地方花灯小戏村歌俚曲向剧场艺术花灯剧的转换。毋庸置疑，这就是花灯剧取得重大成功的原因。

具有划时代意义的时刻到来了，山村小调终于登上了大雅之堂。1938年春节前的一个晚上，是“农民救亡灯剧团”政治和艺术闯关的关键时刻，首播剧目《张小二从军》最终

通过了审查。经过多方奔走，2 月 24 日，终于获准在文庙大成殿外的半露天剧场试演《张小二从军》，接连演了三天。这一试演，得到官员、老百姓、戏剧界人士、大学教授、学者们的一致赞许。

最辉煌的演出记录是《茶山杀敌》，那是 1938 年 5 月。演出盛况空前，人们扶老携幼，争相购票观看，场场座无虚席，连续演出半个多月，引起戏剧界的惊奇和注目，赢得广大群众的叫好。许多报刊、著名人士争相写出评论。云南大学教授、文化艺术界协会负责人楚图南写道："以云南的自然环境及社会背景为载体的新的艺术——《茶山杀敌》，算是最勇敢的尝试，无疑这一尝试已成功，能抓到'牧歌时代'的最美的遗物，也是云南社会所仅见的遗物，如劳动、歌唱和爱情融为一体，配合抗战的救亡问题和时代意识，是难得的新的创作。"

在昆明试演、公演成功后，剧团步行到郊区各乡巡回演出。王旦东描述说："滇南、滇西相加，总共巡回演出三十多个县，行程

王旦东导演的神话花灯歌舞剧《红葫芦》剧照

数千里。每到一地，均受到广大民众的热烈欢迎。”各地纷纷赠送锦旗，上书：“艺术救国”，“唤醒民族意识，增强抗敌力量”，“救国警钟”等褒奖之词，足见赞誉之高。此次云南新歌剧运动虽然只存在了两年多，但在云南影响极深，各地、学校各种社团像雨后春笋般涌现，在全省范围内形成了用花灯剧宣传抗日的热潮。

我掩卷思索，联想到一个禅理故事：有一个盲人在黑夜的路上提着灯笼，旁人都笑话他。有一个僧人很迷惑，便上前问道：“你真的是盲人吗？”那个人说：“是的。”僧人更迷惑了，问道：“既然这样你为什么还要打灯笼呢？”盲人说：“因为我的灯笼既为别人照了亮，也让别人看到了我，这样他们就不会因为看不见而碰我了。”僧人顿悟：点灯照亮别人、更照亮自己。王旦东的抗战花灯，正是这样照亮了别人也照亮了自己。

翻开中国现代戏剧发展史，在 1930 年，中国现代戏剧之父田汉搞“在野的戏剧”活动。1932 年，留美学成归国的戏剧家熊佛西，在河北定县搞“农民戏剧运动”试验，均没有成功。直到 1943 年 10 月，毛泽东同志《在延安文艺座谈会上的讲话》正式发表，延安新歌剧《白毛女》诞生了，白毛女的形象可以说是家喻户晓、妇孺皆知。

可是，我要自豪地说，在中国现代戏剧史上，以新思想、新观念去改造民族民间形式并以此作为团结和教育人民、打击敌人的有力武器的戏剧创新尝试，始于 1938 年王旦东的抗战花灯，而且，较之中国西北的新歌剧、秧歌剧运动早了几年，足可见其在中国现代戏剧史上的重要历史地位。

抗战花灯对云南花灯影响颇为深远。新中国成立后，王旦东担任中共昆明市委文工团团长，调昆明人民灯剧团（云南省花灯剧团前身）后，他将《茶山杀敌》一剧中“采茶”片断重新创作成一个独立完整的花灯歌舞节目《大茶山》，

参加西南区第一次戏曲工作会议观摩演出。六十多年来，无论是专业还是业余花灯团队都常演不衰。他导演的花灯《十大姐》在世界青年联欢节上获得好评。1955 年，王旦东导演了金重同志创作的大型神话花灯剧《红葫芦》，参加云南省第一次戏曲观摩演出，他从音乐、唱腔、服装、舞美、道具、舞蹈编排到人物的化妆造型都做了大胆的尝试和创新，引发了云南文艺界就“花灯的继承与创新”的热烈讨论，形成了云南花灯史上前所未有的“百家争鸣”的局面。

“南疆丹娘”孙兰英

这是我们需要用心铭记的一个名字，无论世俗的步履如何匆忙，记住这个名字，我们就可以穿越那些荆棘密布的路途，抵达梦想的国度。

曾经有一位在小街工作多年的领导问我：如果换做你，六十多年前，你敢入党吗？

我知道他所说的六十多年前指的是什么，那是 1948 年，新中国成立前夕，也是国民党反动政权最疯狂地迫害进步人士和共产党人的时候。他的话还有另一层含义：如果换做你，落在敌人手里，你还能像孙兰英一样经受住酷刑拷打，保守住党的秘密吗？

那时，我们正在易门县小街乡的孙兰英烈士纪念馆参观。孙兰英在生命攸关时刻表现出的敢于担当、顾全大局，和在酷刑拷打面前表现出来的英勇无畏、视死如归的共产党人的精神气质，让在场的每一个人都深深地感受到了来自心灵的震颤。一个柔美的女性身躯，在那些骇人听闻的毒刑拷打面前为何如此坚强，显示出一种钢铁一样的品格呢？这个问题

孙兰英（右）1937 年与妹施佩珩的合影

让我深深地着迷。于是，我开始了探究英雄心灵轨迹的旅程，开始在历史的光影之中穿行，试图通过关于英雄的只言片语的传说和几乎雷同的各种缅怀文字中寻找到通达英雄的丰满的内心世界的秘密途径。因为我坚信，经受得住令人发指的折磨的肉身，其精神世界一定是与大众不同的、丰满的、迷人的。我为这样强大的、丰满的内心世界而着迷。我曾经一次又一次地在易门的山川地理上独自行走，从县城到六街旧县，从旧县到窝得，从窝得到小街，从小街到铜厂，到锅盖山，到小米箐……沿着烈士孙兰英走过的道路，一路追寻，试图走入她那强大的、丰满的和迷人的内心世界，找到破解英雄人物精神世界的密匙，还原她作为人最本质的面貌，让更多的人能够生动地触摸一个时代英雄人物的精神气质。

就这样，我站在了她殉难的土地上——易门旧县六里箐！我看到她艰难地从滑竿上移动着身体，缓缓地站了起来，一步一步地朝着山冈上挺立的一株柏树挪去。她靠在青翠的柏树上，举起手轻轻抚顺额前的头发。我看见黑黢黢的手铐在阳光下发出邪恶的光，同时看见她坦然的、平静的、微笑的、胜利的目光穿透了在场的老百姓和国民党匪徒的躯干和灵魂，也穿透了站在历史帷幕后的我的目光。

我在屏息静听这最后时刻她的话语。然而，我并没有听到她最后的话语。她只是缓缓地举起戴着手铐的模糊的手，轻轻地对着在场的群众摇了摇，枪声就响了，在打碎宁静的空气的枪声中，她的微笑永远地定格在了那棵翠柏上、定格在人们的心上。我想，这或许才是真实的、最后的场景，因为之前她所遭受的超出人类精神和肉体承受极限的酷刑，已经使她不可能喊出那句我们所熟悉的时代口号。但我分明听见了她最后的话语，她在内心说：再见了，战友！再见了，乡亲！再见了，亲爱的爸爸！最后的胜利是属于我们的！

这是 1948 年 12 月 18 日冬日的午后，易门县旧县六里箐，易门地下党负责人孙兰英永远地安息在了这个青山环抱、翠柏森森的小山岗上，她以微笑面对死亡的枪口，为自己 21 岁年轻、灿烂的生命画上了让后人惊叹的休止符，契合了刻在她佩戴的那只银手镯上的那八个字：正直地活，正直地死。这只银手镯是母亲在世时给她的，她请人在上面刻上了这八个字，这是她的座右铭。无论遭受到怎样严酷的拷打，她都坚守着这八个字，没有向敌人透露党的任何秘密。

而 1948 年的中国，解放战争正以排山倒海的力量和速度加速着国民党反动政权的终结，全国处于革命胜利的前夜。从东边到西边，从北边到南边，中国这块古老的、历经百年沧桑的大地上空，到处涌动着令人欢快、鼓舞的新鲜空气，对自由和民主渴望已久的人们很清晰地看到了新世界的曙光。就在这新中国的曙光即将来临的前夜，黎明前最黯淡的时刻，

兰英牺牲了，把永恒的遗憾留给了她的战友和亲人。

在兰英走向她生命的最后时刻，她原本可以选择另外一种方向，但她仍然选择了沿着历史记录的轨迹前行，这样选择的必然结果只有一个！这样的选择令人止不住地叹息。但或许正因为这样的选择，她才是孙兰英。这是兰英式的选择，是这个时代我们迫切需要的选择。

1948 年 11 月 22、23 日，小街乡（时为上定乡）、旧县起义后，孙兰英接到消息便连夜从县城赶往小街领导武装斗争。在这里出现了一个耐人寻味的细节，我查阅了时下能找到的地方党史和文献资料关于这两地发动武装起义的记录，都无一例外地确证了孙兰英事前对这两地起义是不知晓的，作为易门地下工作的负责人，她没有部署过这两地的武装起义，并且在党的会议上明确指出搞武装起义的条件不成熟。杨克强回忆道："9 月中旬，孙兰英同志来到了易门，并带来了我们五人的组织关系，还向我们传达了上级组织的指示：第一，要调查研究，了解社会情况；第二，要积极稳妥地发展组织，我们按组织的要求，一面以教书为掩护，一面积极开展工作。结合教学宣传马列主义，讲解放战争形势。"（《易门县文史资料选辑》第二辑）杨克强继续回忆了孙兰英 10 月中旬到小街（上定乡）检查工作的情况："第二天下午，孙兰英、杨克强、杨黎、苏占臣等四人在大村前的田坝里开了会，分析了形势和武装力量、地理环境，决定继续开展'反三征'，健全组织，以待时机，目前不能搞武装起义。"此地距省府昆明仅五十余千米，有公路直通，国民党军队可以很快直插腹地，没有充分的准备和成熟的条件，武装起义是很难成功和坚持下去的。历史以血的教训证明了兰英对形势的判断。但是，在武装起义爆发后，兰英却没有去责备同志，起义后的队伍的生存问题才是她此刻最为关注的，她以最快的速度调整了工作部署后，带着满肩的责任，脚步匆匆地赶往小街领导已经起义的农民队伍，作为党的负责人，她将义无反顾地去挽回危局。那么，她即将领导的是一支什么样的队伍呢？透过历史的记

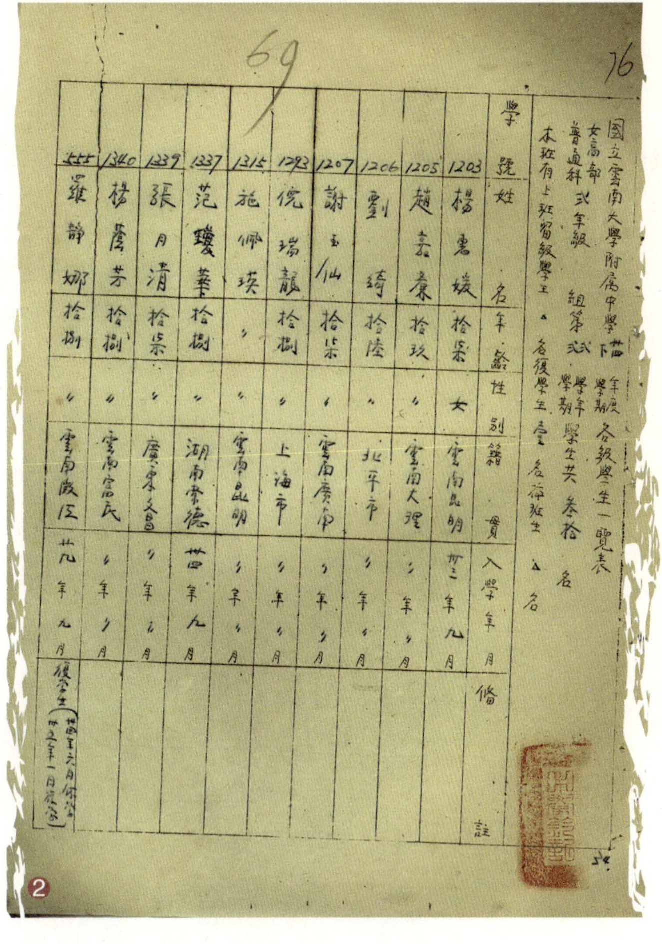

國立雲南大學附屬中學 卅四年度下學期 各級學生一覽表

女高部 普通科 貳年級 組第貳學年 學期 學生共叁拾 名

本班有上班留級學生 △ 名 復學生 壹 名 本班生 △ 名

學號	姓名	年齡	性別	籍貫	入學年月	備註
1203	楊惠媛	拾柒	女	雲南昆明	卅三年九月	
1205	趙嘉康	拾玖	〃	雲南大理	〃年〃月	
1206	劉琦	拾陸	〃	北平市	〃年〃月	
1207	謝玉仙	拾柒	〃	雲南廣南	〃年〃月	
1293	倪瑞龍	拾捌	〃	上海市	〃年〃月	
1315	施佩瑛	〃	〃	雲南昆明	〃年〃月	
1337	范瓊華	拾捌	〃	湖南常德	卅四年九月	
1339	張月清	拾柒	〃	廣東文昌	〃年〃月	
1340	楊蘆芳	拾捌	〃	雲南富民	〃年〃月	
555	羅靜娜	拾捌	〃	雲南澂江	廿九年九月	復學生（[illegible]）

❶ 孙兰英的银手镯，她以“正直地活，正直地死”勉励自己

❷ 孙兰英（施佩瑛）在国立云大附中的学籍档案

述，我仿佛看到了两百多张兴奋中夹杂着紧张的面孔，他们正在为终于能够这样自由地活着而由衷的快乐，这样的生活他们已经向往了很久。然而，他们似乎把这种美好生活存在的基础想象得过于简单了，他们除了拥有美好的生活希望之外，只有手里的二十余支枪。“上定乡起义后，游击队使用的最好的枪支仅有为数不多的几支中正式和套筒枪，其余的均为汉阳枪、毛瑟枪和火药枪。”这就是兰英即将领导的队伍，他们当中很多人连枪都没有打过。但他们起义了，他们凭着满腔的热情，即将向人数众多、武器装备齐全的国民党县政府常备队，以及武器装备精良、受过严格军事训练的国民党的正规军开火……在这里，我看到了一种悲壮、一种无奈，当然，更看到了兰英赴汤蹈火在所不辞的决心！

就是这样一支没有受过任何军事训练的队伍，揭竿而起之后的短短半个月时间里，在孙兰英和其他同志的领导下，在铜厂锅盖山、鹰蹲山击溃了易门县国民党政府常备队，吓得易门县国民党政府接连电请省府派兵增援。12 月 4 日，禄丰县常备队由禄丰县民众自卫总队队副邬文谟率领，配合易门常备队进剿游击队，行进到窝得村时，遇到获得情报连夜从小街赶来的游击队的突然攻击。这一仗，让我们看到了一个果决、机智的女游击队长的风采，她率领游击队抓住稍纵即逝的战机，打了敌人一个时间差。以至于枪声响起，邬文谟还以为是和事先约好前来协同作战的易门常备队的吴华三部发生误会，一股劲的叫喊："吴华三，不要打了！我是邬文谟呀！"稀里糊涂做了俘虏。但游击队在审讯邬文谟时却得到了不好的消息，这个消息使这支陶醉在胜利喜悦中、相信美好生活很快就会实现的队伍瞬间冷却下来。"5 日晚（1948 年 12 月），游击队在审讯邬文谟时，得知国民党二十六军工兵营共 4 个连五百余人，由营长沈学轩率领，带着 8 门六〇炮、8 挺轻机枪于 5 日上午乘车从安宁向易门进发。情况相当紧急，在敌强我弱的情况下，为保存革命力量，纵队（游击队）领导经商量后做出三条决定：一、外地干部暂时转移到外县隐避；二、当地干部战士疏散回家隐避；三、部分干部战士转移到峨山找游击队。"（《易门县文史资料选辑》第五辑）面对五百余人的正规军和数百人的易门常备队的敌我力量明显悬殊的形势，游击队唯一的选择就是转移。

兰英是外地干部，按照游击队领导层的决议必须转移，但她却选择了留下来继续坚持斗争。这是兰英一生中最后的一次选择，这是关系生存还是死亡的选择。在这里我想起了莎士比亚名剧中那句经典话语：生存或毁灭，这是个必答之问题，是否应默默地忍受坎坷命运之无情打击，还是应与深如大海之无涯苦难奋然为敌，并将其克服，此二抉择，究竟是哪个较崇高？兰英匆匆赶来，义不容辞地赶来领导一场仅凭热情和理想而发生的起义，是一种责任使然的选择。但她在敌众我寡，可以选择转移之时却选择了留下来，这样

选择的意义又是什么呢？要知道，此时的兰英，来易门才两个多月，根本没有就地隐蔽的条件，但她却决然地选择留下来继续坚持斗争，她平静地说出了让她短暂的一生绽放出永恒光辉的话语，她说："我没有接到上级组织通知要我走的指示，我不能离开这里。"

这是一种怎样的使命感和责任意识啊！在有条件转移、离开危险的时刻，她却选择了危险。如果我们面临兰英一样的选择时，我们会如何抉择呢？兰英在生命攸关时刻的选择并不是凭一时的勇气，或者说对即将面临的危险缺乏清醒的认识。她虽然那么年轻，但她的斗争经验却非常丰富，她十分清楚这个选择接下来意味着什么。其实，那时的她早已做好了牺牲的准备，或者说，自从她走上革命这条路就已经做好了为理想献出生命的准备。让我们循着兰英的人生轨迹回

窝得村，游击队在这里击溃前来进剿的禄丰县民众自卫总队

上定乡起义游击队指挥部旧址——私立毓俊小学

到20世纪三四十年代的昆明——兰英的出生地，回到她的学生时代，和她一起重返那个风云激荡的时代，或许我们就能够发现她是怎样从施佩瑛成长为孙兰英的，云大附中校园里那个充满朝气和正义感的女孩是怎样一步一步走向她心中的偶像丹娘的。

孙兰英，原名施佩瑛，1927年6月28日出生于昆明市班庄村一个贫农家庭。抗日战争全面爆发后，华北和沿海许多大城市的高等学校纷纷迁入云南。1938年4月4日，由清华、北大、南开大学组成的西南联合大学在昆明成立。一时间，昆明的街头热闹起来，我们可以在拥挤的人群中很容易地发现那个时代国内最著名专家、学者和教授的身影，吴大猷、梁思成、金岳霖、王力、华罗庚、冯友兰、陈寅恪……一座城市因为这些学者和教授的到来而活跃了起来、生动了起来，到处充满了民主、科学和自由的味道。幼年遭受的苦难和对现实黑暗的不满，使兰英急切地呼吸着自由和民

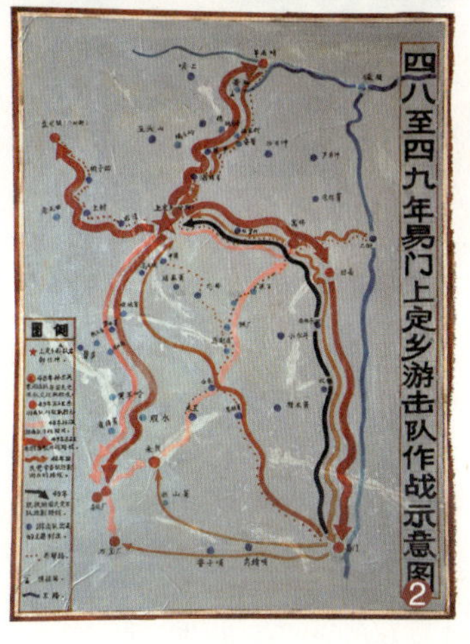

❶ 平静狭长的巷道游击队员曾匆匆走过

❷ 上定乡起义游击队战斗示意图

主的气息，在早已投身革命的姐姐施佩珍和哥哥施子健的影响下，年少的兰英充满了正义感和民族忧患意识，把自己的生命和国家民族的命运紧紧地联系在了一起，在波浪壮阔的民主运动中从“民青”成员成长为一名中共党员。尤其是在1945年的“一二·一”运动和1948年的“七一五”反美扶日爱国运动中，她英勇地站在前列与国民党特务、军警搏斗，在监狱中机智勇敢地坚持斗争，她目睹了鲜红的血是怎样由红变暗，鲜活的生命是怎样在屠刀和棍棒下瞬间变成尸体，她十分清楚自己做出的选择暗藏的巨大风险，但她还是这样选择了。转移和撤退是战争最寻常的方式，她完全有理由按照战争的规则选择转移，但她显然不愿做出常规的选择，她选择了留在她还不那么熟悉的土地上继续战斗。因为她知道队伍分散后回家隐蔽的战友不可能全都安全，他们当中很多人会被逮捕，即将用肉体面对敌人的皮鞭、烙铁和各种酷刑；她知道遣散回家隐蔽的几百人中，不是每个人都经得住即将面临的丧失人道的折磨，会有人去投降，去出卖战友，去用战友的鲜血换取自己卑微的活命；她知道游击队的分散和离去将使小街乡善良的手无寸铁的乡亲们裸露在敌人的屠刀面前……她要留下来，留在她的战友和乡亲们中间鼓励他们继续斗争下去，即使失去生命，也要用鲜血告诉人们：共产党人为人民大众谋求美好生活的理想是不会被消灭的！我想，这或许是她心里最真实的想法。

也许在兰英那个年代，能够为国家的独立和民族的解放献出自己的生命，是许许多多有血性的青年人唯一的人生理想！正如1946年2月10日，兰英在给她的战友刘森的信中写到的：“交通已经渐渐恢复了，好些人都向别省跑，你打算怎样？我非常喜欢东三省，这是我心里最肥沃的地方。黑油油的泥土，长着高大的森林……假使我能去的话，我一定到东三省去。”（刘森《忆施佩瑛烈士》）兰英热切地向往

赵小峰故居

着中国的东北，因为那里的天是纯净的蓝、那里的空气是无比的清新、那里的一切都预示着中国的新气象。在这里，我看到了社会理想在个体生命中发生的奇妙变化，一种社会理想，因着时代的苦难和绝望而成为个体生命唯一追求的人生理想，经由理想熔炼出来的血肉之躯获得了钢铁一样的意志，这样的意志才可以蔑视一切饥饿和寒冷、诱惑和阴谋、摧残和杀戮。我相信这才是兰英钢铁品质的最终来源。

一个时代的社会理想是怎样进入一个人的肉体和灵魂的呢？在这里，我发现了文学的力量。回溯伟大的五四运动到天安门上升起第一面五星红旗的历史，我们发现，苏联十月革命给中国送来的不仅仅是社会理想的理论和经验，似乎是一夜之间，高尔基、法捷耶夫、托尔斯泰、尼·奥斯特洛夫斯基、彼·里多夫……众多的苏俄作家成了中国青年们心目中崇拜的偶像，他们的每一部作品都被中国的热血青年们热烈地追捧，卓娅和舒拉的名字成为青年人口中最时髦的词语。文学，在观照那个时代大众的苦难的同时，把一种崭新的社会理想深深地植入这些鲜活的、期待喷发的生命体中，把每个生命体的命运和时代的理想巧妙的熔炼在了一起。兰英就是这些经过文学熔炼而成的生命体中光彩夺目的一个。刘森在他的回忆中写道："革命文学常常点燃着青年们的革命理想之火……我从她那里读到了高尔基的《在人间》《我的童年》《三人》《母亲》，法捷耶夫的《毁灭》等书。我们的讨论从苏联的十月革命涉及闪耀在祖国北方的红星——延安、吕梁、太行、东北义勇军、八路军、新四军。一束束光明照亮了我们的前程……"（刘森《忆施佩瑛烈士》）兰英在云大附中的好友刘琦女士这样讲述苏俄文学对兰英的巨大影响：有一次兰英全家人在一起听她四姐（施佩珍）、念小哥（施子健）带回来的苏俄文学《丹娘》这本书，"等四姐念完了，半天没有人说话，大家都沉入书中的境界……只有兰英眼里含着泪，没有发表意见，可以看得出来，她内心的感动，并不亚于任何一个人。她觉得小哥为她打开了一个广阔的精神世界，看到了一种心灵美丽的人，年轻的丹娘为了保卫祖国，宁肯付出自己的生命……"（刘绮《孙兰英传》）"丹娘"是谁呢？她的真实名字叫卓娅·科斯莫杰米扬斯卡娅，她是苏联卫国战争时期家喻户晓的女英雄，战前她是莫斯科第201号学校十年级的学生，苏联卫国战争爆发后，她参加了游击队，在一次执行任务中不幸被捕，受尽酷刑折磨，在德国法西斯审讯她时自称"丹娘"，牺牲后被苏联最高苏维埃主席团追授"苏联英雄"称号。这样，文学以一种神奇的力量，把一个苏联女孩和一个中国女孩的精神世界神秘地连接在了一起，一种正义的精神力量深深地注入了兰英的灵魂，这股力量促使她成为中国的"丹娘"。

选择留下来继续战斗的兰英很快就因叛徒出卖而落到了

孙兰英烈士汉白玉雕像

匪徒的手中，经受住了威逼利诱和骇人听闻的毒刑拷打。“敌人万难理解会有这么坚强的姑娘。面对至死不屈的孙兰英，敌人咬牙切齿，兽性更加发作，又下令匪徒烧红枪通条后，残酷地刺穿孙兰英的嘴唇和乳房直到孙兰英昏死过去……第二天，兰英从剧痛中苏醒过来，对于一句接一句的审讯，她紧闭红肿的嘴唇，不予回答，敌人又用尖利的竹钉，钉进她的手指……”（马睿、方汝秀《滇中烈士党史人物选编》）冷酷而血腥的气息透过简略的文字钻入我的鼻息，我相信真实的场景一定会让人窒息。那是 1948 年的深冬，我无法想象在那样天寒地冻的日子里，这样的毒刑拷打从 12 月 10 日兰英被捕一直延续到 12 月 18 日她牺牲！这样的惨绝的匪徒行为一直在她女性的身躯上肆虐！而最终，敌人一无所获，他们没有从兰英口中得到他们想要的游击队员的名单，他们得到的只有一句话：“我没有什么可说的，但要告诉你们，今后一定有人给我报仇！你们的日子不会长了！”

在经受整整七天七夜的拷打中，我相信兰英不是孤独的，那个让她尊敬和崇拜的苏联女孩“丹娘”的影像一定反反复复地在她心中出现，陪伴她一起走完了生命的最后时刻，透过血肉模糊的双眼，她似乎看到“丹娘”被德国法西斯用刺刀顶着，赤身裸体地在俄罗斯的雪地中行走，冰雪冻僵了她的手脚，她似乎听到德寇的皮鞭一鞭紧接一鞭地落在“丹娘”裸露的身上，纷乱之中也听到了“丹娘”平静的声音：“我不知道，不，我不说，我绝对不说。”（彼·里多夫《丹娘——一个游击队女英雄的故事》）就这样，兰英与“丹娘”紧紧地结合在了一起，她们年轻的生命在那个寒冷的冬天消逝了，但她们的名字却被后人牢牢记住。记住孙兰英这个名字，就记住了人类精神中最高尚的品格：理想和信念，正义和责任，勇敢和执着……正是这些用生命和智慧浇筑而成的字眼推动着人类的演进。或许这就是兰英精神的精髓。

1949 年 12 月 15 日，解放军兵临城下，易门县城和平解放，上定乡改称兰英区。

1997 年，小街乡爱国主义教育基地建成，内塑孙兰英烈士汉白玉雕像及历史陈列馆。

2009 年，新中国成立 60 周年，孙兰英入选中共云南省委组织部、省委宣传部、省党史研究室等部门评选的“60 位为解放云南做出突出贡献人物”。

在易门分享“上帝的食品”

风送来了云，云播下了雨，雨催开了菌子绽放如花。西方人相信只有上帝才能够享用的美食，却以世间凡俗的一切形态弥漫着易门人的寻常生活。追逐一道美食，就是追寻人类生活的原味，就是追寻那些舍弃了任何华丽修辞的生活本真。迎着夏季热风中吹拂而来的滇中易门地理向上，隐喻人类生活原味的美食风景扑面而来，就这样，菌子来了，雨来了；菌子来了，人来了；菌子来了，谷花鱼来了，龙泉水来了……一切敲击人类想象的神秘味觉都来了。

波光水影中的菌子诗篇

只有在龙泉之水晶莹透亮的水波中，美如植物音符的菌子才能吟诵出梦幻般的旋律；只有在菌子吟唱出的梦幻旋律中，我们的生活才能像龙泉之水一样诗意荡漾。

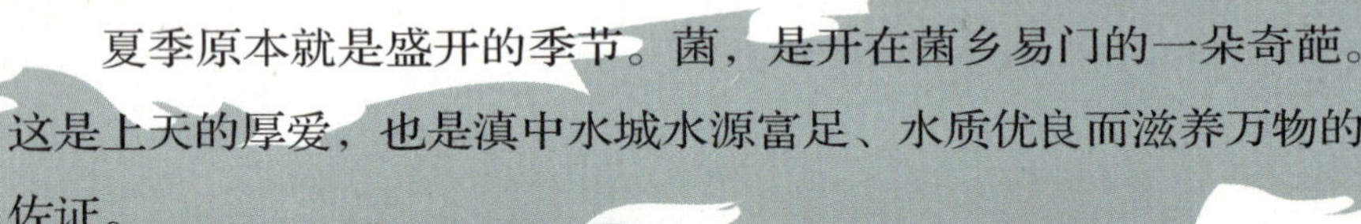

夏季原本就是盛开的季节。菌，是开在菌乡易门的一朵奇葩。这是上天的厚爱，也是滇中水城水源富足、水质优良而滋养万物的佐证。

易门的地形地貌复杂，海拔高差大，境内最高点和最低点海拔相差一千多米，有热带到温带的气候类型。这里独特的地理环境、特殊的立体气候和垂直分布的多彩植物层次，为野生食用菌的生长提供了舒适的温床。俗话说，好山好水好地方。县城周围和城内的充足水源，则为孕育这神奇山珍而奔腾不息、激情汹涌。看吧，绿汁江流经县城西境奔腾不息，扒河绕县境东部哗哗南流，珍珠泉日日夜夜挥洒着水链银珠般的清泉，大龙口泉水自县城西部山中石壁汩汩而出……它们滋润着这方土地，滋养着土地上的人们，滋养着林间万木和无数爽滑可口的野生菌。

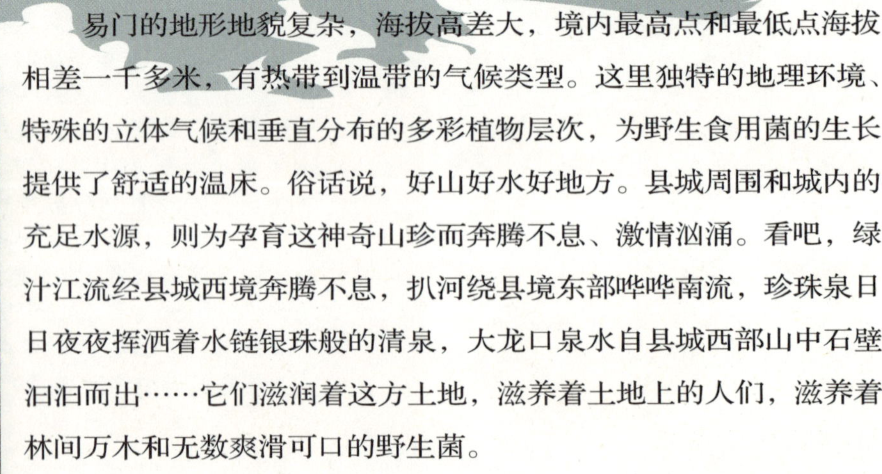

拾菌归来

任河流从山谷绵长的弯曲里，去寻找自己遗落的流光碎影；任

河流从唱得日夜不停的歌曲里，去猜想那段悠长而无法考证的历史。河流在奔涌或静静流动间，做不分季节的循环，而散发奇香的野生食用菌，却在每个夏天不期而至。易门的降水素有“春雨贵如油，夏雨密密下”的特点。夏季雨水普降，山林中云遮雾绕、时阴时晴，干湿交替，空气湿度大，非常适宜菌子的生长与发育。

阳光金子般散落，跳跃在茫茫山野间，树枝间洒下斑驳的光影，寂寂的山野从宁静中苏醒过来，芬芳的菌子一朵一朵又一朵，开放在山野间，每一朵菌都散发着闪亮的光泽。

阳光沸腾的灿烂夏日，菌子沸腾的苍郁山林，菌香沸腾的丰饶菌乡。

走吧，跟我走进山林，吹拂着山风，捡几朵菌子的清香，捡一路清风扑面的闲适……

良好的生态环境孕育了易门千姿百态的菌子

摇曳生姿的鸡坳，开在菌乡阳光沸腾的山野，便丰盈了菌乡香喷喷的岁月。走进玉米地，走上红土小径向山上进发，红土鸡坳正在微笑着朝我们招手。《黔书》道："鸡坳菌，秋七月生浅草中，初奋地则如笠，渐如盖，移晷纷披如鸡羽，故名鸡，以其从土出，故名坳。" 也有一说因其肥硕壮实、质细丝白、清香可口，可与鸡肉相媲美，故名鸡坳。明代杨慎把鸡坳比作仙境中的琼汁玉液，其质地细腻，兼具脆、香、鲜、甜等风味特色，品尝一次，终生难忘。可见鸡坳在明代已经颇有名气了。

红土鸡坳是红土地上开出的一朵奇葩。易门的红土微带酸性，山林间杂木相混，高低错落有致、疏密相宜，生长出来的鸡坳，不嚼渣、口感好，滋味纯正。它在山风山雨中萌发，陪伴风雨雷电走完了一次次历程。轰隆隆的雷声敲得地动山摇，哗啦啦的雨泼得一波连一波，鸡坳千呼万唤始出来。它头戴小小的尖斗笠，长出水灵灵、嫩生生的诱惑。

❶ 拾菌子

❷ 红土鸡坳

捡拾它，是一场追梦的神话。你可能奔走几座山一无所获，也可能在踏破铁鞋无觅处时，被眼前白花花一片惊喜得兀自愣住，方知得来全不费工夫的真谛。一个朋友早晨在小区车位倒车时，从后视镜里看到一片白，停车观看，竟是花台里长出的一丛鸡坳，一时只觉喜从天降，不禁手舞之、足蹈之，于是易门"水泥地上长鸡坳"的神话成为现实。

欣赏它，是一场视觉的盛宴。它恰如亭亭的舞女，穿着娇俏的芭蕾舞裙，踩着富有节奏的舞步款款而来。林间清新的山风为它拉开帷幕，苍翠蓊郁的树林做背景，碧草丛生的山野做舞台。清脆婉转的鸟语、震林悦耳的蝉唱，都是它起舞的伴奏曲。它一定是某种精灵的化身，如此灵动、多姿。若要评选菌中仙子，它绝对是受之无愧的。

品尝它，更是一场味觉的大餐。它肉体肥厚、肉质鲜美、营养价值极高，为菌中之冠。它独特的味道如同它独特的舞姿，亭亭玉立在尝鲜后的人们心中、口中、记忆中。

红土鸡纵，红土地上撑开的梦想，名副其实的山珍，可口、可心、可人，是对它最好的赞誉！

回味着鸡纵的鲜嫩，再找找干巴菌的鲜香吧。

干巴菌是云南省珍稀野生食用菌。它有个土生土长的名字，因其簇生如牛牙齿状，叫牛牙齿菌，学名绣球菌，也叫对花菌、马牙菌等。干巴菌肉质柔韧、滋嫩鲜香，含有丰富的营养，有腌牛肉干的浓郁香味儿，因而又得名干巴菌。只闻其名，便可意会其形、其味、其香了。细细念一遍“干巴菌”，唇齿间溢出淡淡的芬芳，不禁口舌生津了。

干巴菌又名松毛菌，每年 7 至 9 月生长在马尾松树下。它喜欢躲在背阴处。先是米粒大的一点钻出土里，慢慢长大

红土鸡纵

为牙齿大小，旁边陆续冒出星星点点的米粒，长大后连成一小蓬或是一小簇，有的藏在枯叶下，有的躲在茅草丛中，还有的兀自从光秃秃的红土坑里冒出来，汲取着晶莹的朝露、淋漓的夏雨，沐浴着清凉的山风，仰望着绚丽的流岚，从容不迫地生长起来，在蓊蓊郁郁的山林间和捡菌人捉起了迷藏。

它是山野里隐居得最好的一种菌，不外露、不张扬，汲取着天地间的精华，把自己打造得仙风道骨。乍一看，它是丛生的珊瑚，有的像绽放的莲花，瓣瓣柔嫩；有的像一簇跳跃的火苗，同时将人的眼和心照亮；还有的又像是一把小刷子，梳理着林间的松针和落叶，梳理着山风和流云。细细一看，则是一座座兀立的险峰，峭壁千仞，悬崖侧立，其中千沟万壑、奇石嶙峋，偶尔有一两株不知名的野草点缀其间，足以令人神思飘游。也许，它就是一座座微缩的石林，“横看成岭侧成峰，远近高低各不同”的写意，在你凝思揣摩后恍然大悟。

周末上山捡菌，常常可以看到挖过树桩的土坑里有星星点点的干巴菌，嫩生生地探出头来，像极了婴儿刚冒出头的小门牙，让人不忍采摘。带着点小小的私心，抓一把干草盖上去，既可以帮助它保持住水分，还可以挡住其他人的目光，心里盘算着让它长大点再来捡吧。过后想起来，时隔已久，不知道自己“养”的那丛干巴菌是长大了，还是被人发现捡走了。心里稍稍有点怅然，却转身即忘。

一丛草，一个鸟巢，岁月的纹痕，或是一种声音，大自然的一个隐喻……无论怎么比喻，都不足以感恩它赋予人类的美味和诗情。在热气缭绕的餐盘里，它微笑着，笑纹里荡漾着腌干巴的醇香。其他地方的干巴菌，因土质不好，生长过程中会把沙土等杂质包裹进去，吃起来菌中有土，土中有菌，令人满口嚼沙，咽不得吐不得，难免扫兴。易门的干巴菌则肉嫩鲜香，无论是青椒干巴菌，还是干巴菌炒饭，都令你唇齿留香、流连忘返。最好的形容，莫过于它是“易门的味道”。

❶ 珊瑚菌

❷ 香喷头

要流口水了吧？别急，去找找那些戴皮帽的小家伙吧。都说颜色鲜艳的菌类有毒，而牛肝菌就打破了这种说法。易门的牛肝菌品种丰富，白、黄、黑、红牛肝菌等都是优良的可食品种。

牛肝菌的盖呈半球形，光滑、不黏、淡肉色，菌肉白色，有酱香味，可入药。牛肝菌菌体较大，肉肥厚，柄粗壮，味道鲜美，营养丰富，是一种世界著名食用菌。单生的牛肝菌肥厚、挺拔，戴着一顶厚实的小帽子。群生的牛肝菌像极了一群孩子，友善，淘气，你挨着我的肩，我靠着你的腰，他搽着你的背。侧耳聆听，它们嘻嘻哈哈逗趣的欢笑四处飞散，像是一群捉迷藏的孩子。

每年 5 月底至 10 月中是捡拾牛肝菌的最好时节，风从它们头顶掠过，抚摸它们滑溜溜的小脸蛋。雨从它们身上滑落，把它们滋润得肥嫩稚朴。只要你顺着柞树、栎树等阔叶林及针阔混交林地走，顺着憨乎乎的笑声寻去，拨开深褐色的杂草，就会发现牛肝菌顽皮地笑着，让你眼前一亮、心中一喜。那寻遍千山万水的艰辛，都在这一刹那烟消云散，只留下欣喜：原来你躲在这儿，我找到你了！找到你们全家了！

在童话里，一朵菌能实现一个愿望。一片雨后的栎树林，雨滴把叶片洗得发亮，又点缀在清新翠绿的草尖儿，被雨后的太阳照亮，升起无数的小小彩虹。一个个菌娃娃悄悄地探出头来，憨态可掬，小红帽、小黄帽的故事悄悄上演。此时你若进山，你的愿望至少有一个会实现。

❶ 青头菌
❷ 红葱菌
❸ 麻脚香

从大山里走出来的牛肝菌，戴着黄色、红色或黑色的皮帽子，一朵朵稚嫩、拙朴，宛如大山捧出的一个个鲜活的童话。伴随着淡淡的菌香，你一定也想变成一朵戴红帽子的牛肝菌……

除了牛肝菌，还有一种戴褐色皮帽子的菌类——松茸。松茸是一种纯天然的珍稀名贵食用菌类，又名松口蘑、松蘑、臭鸡圾。宋代《经史证类务急本草》中有过松茸的记载。松茸在日本有“蘑菇之王”之称。在古代日本，松茸是老百姓向贵族和天皇进贡的珍品之一，素有“海里的鲱鱼籽，陆地上的松茸”的说法。

松茸多成片生长，一般八九月间为出菇旺季。它们是山野里的另一片森林，挤挤挨挨地长在一起，有独特的香气，那是令人喜悦的触须。难怪会有人循着菌香味儿就找到它们。

新鲜的松茸形若伞状、色泽鲜明、质地细密，有浓郁的特殊香气。观之色泽素洁清新，品之口感嫩脆爽滑。这使它与众不同，也使它命蹇时乖。有时成为生食菌类的传说，人人想一品为快；有时成为泡酒的抢手货，无数酒坛等着请君入瓮；有时成为制作某些特效药的原料，乘着飞机直奔国外。因为人类永不知足的贪欲，它的身价也如海潮般跌宕起伏。有药效也罢，可口也罢，它都会让没品尝过的人垂涎三尺，让品尝过的人回味无穷。

先尝一尝松茸泡酒的滋味儿吧，让它的鲜味儿、香味儿和着

❶ 北京人民大会堂国宴总厨与易门本土大厨同台展示野生菌烹饪技艺

❷ 白葱菌

酒香，从你口中缓缓滑下，让菌乡菌香在你的舌尖如花绽放……

只顾着在草丛里、树荫下找菌了，回望我们走过的路，怕是踩到那菌中钻石也不知道哦。你也许还不知道，易门的地脉中充满了菌子的舞蹈。其中最名贵就是松露。松露是一种生长在橡树须根部底下、一年生的天然蕈菇，种类有三十多种，其中白松露、黑松露是最美味的。传说松露是闪电的女儿。“可以吃的白钻石”“天堂的味道……”这些都是用来形容白松露的。松露呈不规则形的球状，有的小如蚕豆，有的状如土豆，也有的大如苹果。切开来看，里面则是犹如迷宫般的纹路。松露与钻石一样，在未被加工前外表粗糙、笨重，但一经雕琢，它所展现的内在则像美钻一般璀璨夺目。

松露作为山珍中的珍品，它是内敛、含蓄的。之所以成

第十届中国·云南野生食用菌交易会暨玉溪市首届美食烹饪大赛开幕式

为山珍，除了它丰富的营养和药用价值外，还有寻它的种种不易。没有鸡油菌的金灿油亮，没有鸡㙡的娇俏婷婷，更没有牛肝菌的彩色皮帽。它像是土豆，却无茎无叶，无根无蔓，生长在泥土下几十厘米深处。寻找松露的人都知道，要去华山松、橡树、榛树和山毛榉下寻找它。它作为泥土里的金土豆、黑钻石，吸引着人们蜂拥而至，却让许多找寻者都尝到了“寻隐者不遇”的失落。

喜欢它那沁人心肺的醉人香气，仿佛是一枚被光阴浸泡而成的秘制药丸。更喜欢它切开后黑白相间或灰白相间的花纹，有的简约如一幅线描画，寥寥几笔，留出无瑕的空白；有的繁复如密致的蛛网，像是蕴含着无穷的秘密和禅机，等待有人去参透；还有的简直是一幅蜡染，田野里的风、草地上的花、山林间的溪流都鲜活灵动地蕴含其中。它是所有山珍的代表，繁华褪尽，露出本真——毫不起眼地裹着泥巴的菌中钻石。

每年的年末到次年的 3 月是松露成熟的最好季节。如果没有人类的打扰，也许它就能在泥土下面，静静地走过它短暂但完整的一生，繁衍出一串串金色的铃铛。

易门以它优越的地理环境和得天独厚的气候条件，为优质野生菌提供了良好的生长空间，山林间的“金娃娃”得以年年繁衍。随着“滇中水城·菌乡易门”发展战略的贯彻落实，易门从 2005 年开始连续成功举办了 10 届“中国·云南野生食用菌交易会”，让“野生菌之乡”的美名在云南乃至全国被越来越多的人所认可并向往。

野生食用菌交易会期间，开展了许多丰富多彩的活动。为野生食用菌美食烹饪大赛而专设的野生食用菌特色小吃一条街，称之为长街宴，集中了易门县饮食文化的精髓。外地人以享用野生食用菌火锅为时尚，本地人以请亲朋好友享用

66 道美轮美奂的野生食用菌菜品成功申报上海大世界基尼斯纪录

生长在易门喜祥森林酒庄的巨大口蘑菌王，直径1.38米、高0.97米、重82.8千克，创下世界纪录，成为世界上最大的野生食用菌

野生食用菌火锅为待客之诚。无论是野生食用菌滋补火锅、野生食用菌全席，还是牛、羊、狗肉菌汤锅，锅锅浓香飘散、汤鲜味美，引来络绎不绝的宾客。

菌类商品拍卖活动以新、奇、特、大为亮点，千年灵芝、灵芝仙草、千层虎掌菌、干巴菌、鲜鸡纵、松茸、牛肝菌等，吸引了众多游客、客商云集拍卖现场，踊跃竞买，竞价激烈。拍卖活动上的菌子，让人们大饱眼福、大开眼界，真正领略“山珍”的珍奇之妙。

多种艺术活动为菌交会添彩。交易会吉祥物“朵朵”，寓意菌交会的“绿色、生态、环保”理念。“朵朵”是一朵拟人设计的卡通菌，笑容满面，展开的双臂成拥抱之势，寓意热情、豪迈奔放、自信，健康向上，体现易门人民以饱满的热情，欢迎各方宾客的到来。同时在交易会其间举办诗书画、摄影、集邮、旅游商品等展

菌子交易

览。展览作品从多个侧面反映出易门“菌”和“水”的种种变化，为“滇中水城·菌乡易门”做了最好的诠释。

商贸及招商引资签约仪式也在菌交会期间举行。各届交易会期间都签订有菌类交易合同及陶瓷、化工、机械制造等外来投资项目和各类招商引资项目等。种种举措为逐步把易门打造为云南乃至全国以及东南亚有影响的交易市场、信息平台、科普宣传和食用菌论坛基地做了良好铺垫。

龙泉河畔有个“一窝菌”的景点，以一窝生机勃勃、破土而出的野生菌为造型，大的近一人高，小的不过孩子的膝盖。寄情于物，体现易门丰富的野生食用菌资源及悠久的开发历史，寓意“菌乡易门”之美称。

菌乡菌香，恰如一首又一首旖旎的小诗，沿着易门水城的波光水影，欢快吟唱着一路东去……

穿越深巷寻找舌尖的记忆

进入深巷，意味着我们去寻找来时的路途，那些年少时的光阴和简单的物味，悠然飘至唇边，恍如梦境。

入春后，万物复苏，雨水润透土地，染绿了山林，美食于是开始酝酿。易门的美食源于山野、藏于街巷，闲暇时最大的乐趣莫过于循着熟悉的味道，穿街走巷寻找舌尖的美味记忆。

最先登场的是龙爪菜。龙爪菜学名蕨菜，因外形蜷曲如爪而得了这曼妙的别名。雨后天晴，深山老林或田间地头一株株破土而出的娇嫩叶茎格外惹眼，轻轻捏住根茎处一掐，嫩茎应声而断，断面溢出黏稠的透明汁液，特殊的清新香味便萦绕在空气里沁人心脾。

易门的龙爪菜生长于远离污染的山野，借助阳光雨水自发自长、生生不竭，是真正意义上的纯野生山珍。因其富含多种维生素，营养丰富，各土特厂家都大量收购。幼时，它是我们勤工俭学的主要项目；成年后，它又成为我们登山郊游的主要乐趣。新鲜采摘的龙爪菜涩而微苦，需用沸水涝上一遍，清水漂洗后才可食用。春夏时节，县城大大小小的农贸市场里都有勤劳的农人出售涝过、

漂好的肥嫩龙爪菜，便宜了如我这般或懒或馋的食客，只是，少了亲手采撷的环节，龙爪菜多少缺了些滋味。

漂好的龙爪菜食法多种多样，可加入腌菜、干辣椒等鲜炒，清香脆爽；可凉拌，口感嫩滑；也可晒干后煮火锅或红烧肉，香味浓郁，嚼着劲道有韧性。县内的几大厂家也用新鲜龙爪菜加入辣椒、花椒、食盐等调料批量生产出颇受好评的袋装产品，远销省内外。易门人外出旅行或探亲访友都会带上几袋即食龙爪菜，爽快地咀嚼美味的同时也会悠悠怀念家乡山野的清风和在清风里采撷龙爪菜的闲适。

龙爪菜漫山遍野摇曳生姿的同时，野生菌也悄然破土而出。某天在采撷龙爪菜时突然发现一朵刚冒出头的娇嫩可人的野生菌，令人难以抑制地激动、惊叹、欢呼，因为这标志着易门的野生菌隆重登场了。

那些简单特味的记忆，让我们迷失在深巷里

易门的菌乡之名并非吹嘘，特殊的气候和土壤条件使得其野生菌香味浓郁，用易门话说就是菌味重，别于其他。同样品种不同产地的两盘菌一起上桌，只尝一口，就能分辨出哪盘是易门菌，口感的差别就是这么显著。

易门的野生菌吃法多样，难以一一列举，最独特的一种吃法就是菌鲊。以野生菌制鲊，是易门人独一无二的创新。易门因其特有的气候地理环境优势，野生菌的种类和数量很多，在没有冰箱的岁月里，将菌子制鲊，可以长时间储藏而不变质变味。可以说，菌鲊的发明，是易门人从菌子储藏中凝练的智慧。菌鲊的原材料没有定式，大部分的野生菌都可以制鲊，制作程序大同小异，将菌子洗净切片上锅蒸瘪后加入干辣椒、花椒、盐等炒至水分干透，出锅置凉后拌入辣椒面等装入陶罐内封存腌制，三个月左右即可食用。腌制后的菌鲊脆爽鲜香，可保存至来年鲜菌上市。

易门民间长久以来就有制作菌鲊的习俗，具体年代已无从考证。自制的菌鲊花样繁多，依主人的喜好而口感各异，有远亲近邻到访，盛出一盘，浓香四溢，整桌酒菜也因此显得高端大气上档次。

❶ 菌鲊
❷ 龙爪菜

除却野生菌，易门的气候和土壤还适合种豆。故而，易门的美食多以豆为主料，最负盛名的当然就是豆豉。

易门豆豉色、香、味俱全，分青豆豉和干豆豉两大类，以浦贝乡生产的为最佳。浦贝石莲寺清澈的山泉，小坝子田埂上的优质黄豆，代代相传的加工工艺决定了其豆豉的不可替代性。

循着石莲寺清澈的山泉流向漫步在浦贝坝子大大小小的梯田间，涌入眼帘的就是那一埂埂茂盛饱满的黄豆，浦贝人对这道田埂的热爱集中体现在一句“卖田不卖埂”的谚语上。豆豉制作要趁鲜，当天砍下的豆秆需当天剥出豆米。每年八九月间，茶余饭后的农家小院里格外热闹，亲朋近邻围聚大堆刚砍下的八成熟的黄豆青株剥豆，侃侃收成，聊聊各家孩子的学业、事业、姻缘……平凡的日子就在家长里短中显出了滋味。剥出的鲜黄豆米蒸煮后发酵，再

搭配盐、辣椒酱、高粱酒、花椒、草果、八角、生姜等配料装罐腌制，鲜红的辣椒酱衬着嫩黄的青豆，酸辣爽口，令人垂涎。以水豆豉为辅料制作的麻婆豆腐、豆豉鱼、回锅肉等，口味独特，别具一格。

当然，干豆豉也毫不逊色，红褐色貌不惊人，切成薄片用油一炸，浓郁的香味附着在衣物上或萦绕在空气里经久不散，对味蕾构成极大诱惑。饭桌上，常常一手抚着撑得浑圆的肚皮，筷子却忍不住伸向那碟酥脆香辣的油炸干豆豉，一口一片，直到盘底朝天。

豆豉伴随着每个易门人成长的记忆，和盐一样成为每家每户烹饪和饭桌上佐餐的必备品。豆豉也牵挂着每位易门游子的脚步，出差旅行，易门人都会带上一罐豆豉，细细品咂，悠悠享受，继而在浓郁的香气里让乡愁漫上心头。

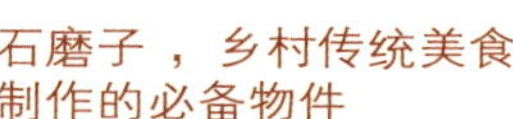
石磨子 ，乡村传统美食制作的必备物件

❶ 田埂上的黄豆树

❷ 制作易门豆豉的第一步——剥青豆米

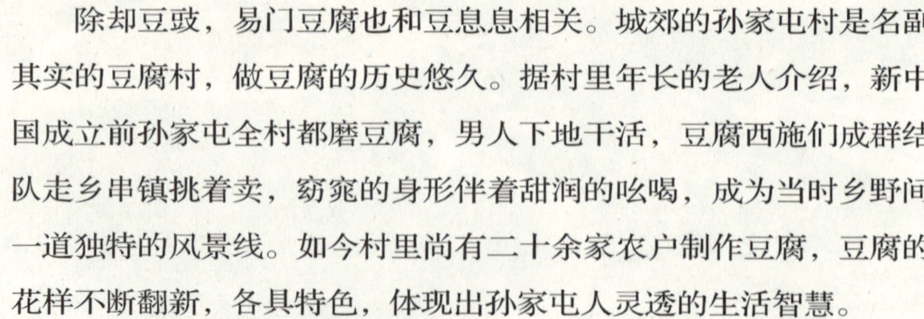

除却豆豉，易门豆腐也和豆息息相关。城郊的孙家屯村是名副其实的豆腐村，做豆腐的历史悠久。据村里年长的老人介绍，新中国成立前孙家屯全村都磨豆腐，男人下地干活，豆腐西施们成群结队走乡串镇挑着卖，窈窕的身形伴着甜润的吆喝，成为当时乡野间一道独特的风景线。如今村里尚有二十余家农户制作豆腐，豆腐的花样不断翻新，各具特色，体现出孙家屯人灵透的生活智慧。

孙家屯的豆腐中犹以臭豆腐最具代表性，上好的臭豆腐成型切块后切面腻白如瓷，放置在干稻草上自然发酵，发酵完成后软硬适中，发酵过程中豆腐充分吸收稻草的清香，香臭二味奇妙地交融，让人食之难忘。

易门臭豆腐吃法多样，可加入盐、辣椒油等隔水炖，或合着茼蒿、蒜苗、辣椒油等煮成麻辣，也可切小块油炸或裹上鸡蛋液炸成酥，口感各具特色。用臭豆腐加盐、辣椒面、花椒面、八角面，生姜、酒等配料腌制的卤腐辣滑爽口，是餐桌上必不可少的咸菜。

在孙家屯村巷里徜徉，不经意就会撞见一家家热气腾腾的豆腐作坊，浓郁的豆香飘散在空气里，瞬间挟裹住我这不速之客。热情好客的作坊主人亲切地招呼去品尝豆浆或水豆腐，原汁原味现点的水豆腐轻巧地滑入食道，让我不由发出一声满足的喟叹。除了在孙家屯的豆腐作坊里，又能到哪里去感受这样的嫩滑体验呢？制作豆腐二十余年的孙姓大叔告诉我一件有趣的事，在无称量器具的年代，孙家屯的臭豆腐是用稻草十块一打捆着卖。原来，云南还可以有第十九怪：臭豆腐捆着卖。

勤劳创新的孙家屯人多年来不断翻新豆腐花样，制作出一味混合猪肉和猪血的红豆腐。

顾名思义，红豆腐呈暗红色，也叫血豆腐，有较高的营养价值。成品呈圆饼形，可切片后加入蚕豆米、豌豆尖及各类绿色蔬菜煮食，或整块合着排骨、猪脚等煮熟后切片蘸食，也可油炸或加入香肠隔水蒸食，入口微糙，但有特殊的鲜香。

红豆腐产量不多，销售者屈指可数，靠的是老顾客口口相传，

买惯了的人会及早自己找上门，饭馆、酒店等用量大时也会提前预订。若贪睡去得晚了，花钱也买不到，只有等次日赶早。

以黄豆为主料的另一项美食就是易门什锦酱。什锦酱用黄豆面酵酿，再加入食盐和辣椒面调制。成品呈红褐色，色泽鲜亮，回味绵长，作为重要的调味品融汇在易门人的日常生活中，是烹饪领域当之无愧的最佳女配角。

易门几乎每家都有制酱的传统，口味因人而异。古有谚语“真金不怕红炉火，酒香不怕巷子深”，在易门，是名副其实的“酱香不怕巷子深”。将五花肉切碎和什锦酱慢火熬炒，浓烈的酱肉香能飘出半条街，初来乍到的外地人循着酱香在街巷穿寻，常常就能吃到美味地道的杂酱米线或面条，

制作干豆豉

根本用不着询问打听。黄焖鸡鸭时加一勺什锦酱亦是画龙点睛，醇美的肉香里渗透进绵延的酱香，让人垂涎不已。饭桌上徒手啃肉，总禁不住吮吸手指上残留的汤汁，吃相不敢恭维。直接蘸食烤鸭、大葱、鲜辣椒、小黄瓜等，咸辣适中，清新爽口。各样吃法难以一一列举，怎么吃都是美味，怎么吃都很惬意。

离了什锦酱，易门人的餐桌便会索然无味。

除却黄豆，易门还盛产蚕豆，听说过蚕豆做的豆腐吗？易门有。蚕豆豆腐因用料特殊，色微黄，较黄豆豆腐粗糙，易门人习惯地称之为老豆腐。老豆腐切块油炸后酥脆异常，泛着浓烈的蚕豆香，用腌菜炒食亦别有滋味。

老豆腐的原材料为制作蚕豆凉粉的余料，体现出一种节约的智慧。蚕豆浸泡后去皮，磨细成浆，沉淀后淀粉用来做凉粉，豆浆弃之可惜便煮沸用石膏点压后做成老豆腐。老豆腐属高耗材产品，一

大桶浆只能压成少量豆腐，且制作工序繁复，成本较高，易门市场上只有一两户人家在卖，都是豆腐村孙家屯的孙姓人。

老豆腐销售的旺季为4至10月凉粉的热销季，天气转寒后凉粉需求减少，配套产品老豆腐也同时减少，总是供不应求。购买老豆腐得靠机缘，没有固定的摊位和时间，为数不多的售卖者都是挑着卖，有时穿街走巷也寻不到，终难以饱口福。实在馋得不行，只能到村子里去寻，登门预订。

说到蚕豆，当然不能漏了油炸粉。油炸粉以蚕豆淀粉为主料制作，味美价廉，售卖简单，一口小铁锅和一只火炉足矣，所以售卖者多为年长的老奶奶，故易门人形象地称之为“老奶油炸粉”。

几乎每一个易门人的记忆里都有几块又香又嫩的油炸粉，低廉的价格使其成为几代人集体的回忆。在我的童年时期，油炸粉两毛钱一块，如今物价翻了几番，它却只低调地微调至五毛，再没比这更实惠的美食了。

蚕豆浸泡后去皮，磨细成浆，沉淀后留下淀粉，将豆浆上锅煮至沸腾，与淀粉及盐、辣椒面等作料搅拌均匀成糊状后置在碗内冷却凝固，食用时取出，对切成半月形油炸一面至

❶ 蕨菜

❷ 山泉汩汩，一路欢唱，滋润了易门的一方热土

豆腐

焦黄即可。炸熟的油炸粉香味四溢、嫩滑爽口，性急的食客顾不得烫嘴也不容细品，一口就咬去半块，脸上荡漾着满足的笑。一位卖了十余年油炸粉的高姓大姐告诉我，外地游客也偏爱这味道，很多人一路打听，找上门来买生的回去自炸，最多的买到上百块，全盘清空她一天的产量，锅里的油还没热起来就收工了。

廉价只是使油炸粉贫富共赏，却并未因此失了地位，过去、现在和将来的每个易门人的记忆里，一定不会缺了这香香嫩嫩的吃食。

大口吞咽着油炸粉在市场里闲逛，一串串鲜红的香肠不经意就撞进眼帘，这就是易门的麻辣香肠。

易门人装制香肠的历史已无从考证，但我相信，那是民间从猪肉储藏中慢慢演化而来的智慧结晶。易门的香肠在制作过程中加入

❶ 红豆腐
❷ 干豆豉
❸ 卤腐

辣椒、花椒、草果、八角、茴香籽等配料，将猪肉的鲜香诱发到极致，香辣适中，无油腻感，是家常必备的美食。

当然，纯正的麻辣香肠不在农贸市场里，而在农家小院。走进腊月的农村，家家户户杀年猪、装香肠，热闹非凡。自养的年猪不喂饲料，吃的是没有污染的自产苞谷面搭配野菜，喝的是清冽的山泉水，呼吸的是远离污染的清新山风，如此让城里人羡慕嫉妒恨的生存条件，猪肉焉能不鲜美？香肠焉能不正宗？

麻辣香肠口感好坏的关键在于选肉和配料，肉要前膀和腿肉，最佳肥瘦搭配比例为4:6。作料配制比例则完全取决于制作者的经验，只可意会。新鲜猪肉切块，拌上作料腌制一小时左右灌装，装好后自然晾干即可。晾干后的麻辣香肠可长时间不坏，若放置在冰箱冷藏，一年左右都不会变质变味。

易门的麻辣香肠还征服了当年在易门建厂的某国老板的味蕾，其回国时对麻辣香肠恋恋不舍，最终带着配料回去自

❶

❷ ❸

❶ 易门麻辣香肠

❷ 麻辣香肠

❸ 油炸粉

行装制。美味没有国界，易门的麻辣香肠也走出过国门，在异国的空气里氤氲飘香。

杀了年猪，装完香肠，春节也就近了。在鸡鸭鱼肉极其充沛的腊月，年菜大酸汤闪亮登场，成了年夜饭的压轴菜，大大涤荡了过年时节荤腥累累的肠胃。常常，满桌的丰盛菜肴大半剩余时，大酸汤早已吃得碗盘见底，很有点鹤立鸡群的味道。

顾名思义，大酸汤重在酸，酸得适度才能吃得过瘾，所以制作工序和材料很有讲究。蔬菜一定要新鲜，熬汤的骨头一定要筒子骨，且只能留汤，不能掺杂肉。将青菜、蒜苗、芹菜、萝卜等蔬菜用清水煮沸后捞出控去水分，加入用筒子骨熬煮的汤里，再加辣椒油、盐、花椒、酸笋等煮沸再冷却，之后每天重复煮沸、冷却的过程，三四天后大酸汤即大功告成，酸辣开胃，令人食欲大增。

在易门，缺了大酸汤的年夜饭就失了年味，因而，家家户户年夜饭的饭桌上，那碗热气腾腾的大酸汤会一直绵延不息，见证阖家团圆。

散落在山乡河谷的美食体验

看见炊烟，就看见了村落、看见了美食的城堡。今夜，我将放纵舌尖，寻找渴望已久的醉。

从易门县境内海拔最高的 2608 米的小街老黑山到海拔最低的十街占马田绿汁江江面，在 1572 米的垂直高差里，植被各异，十里不同天，从冷凉山区到热河谷地，生长着云南松、华山松、高山栎、杜鹃、滇油杉、马缨花、梢楠、石头果、野古草、木棉、白茅、苦刺花、黄茅、虾子花……大大小小的村落星罗棋布，被高山包围着，被树木掩映着，被溪水环绕着。

“底尼人”就生活在这样纯粹的大自然里，迈出家门便直入森林。“底尼”由彝语“定念米”演化而得，意为“红色的小平地”。其实底尼并没有一马平川的平地，要说有，也只是山岭之间不大的盆地，平地成畦，依山筑村，一片片松林掩映着一个个村庄，在这一片红色的土地上，有 27 个村民小组 32 个自然村九百多户人家三千多人口。在这块 2200 多米

高的红土地上，到处都生长着苍翠的云南松和华山松，也许是这一片片的松林成就了底尼特有的美食——火腿。

底尼人有浓厚的饲养“过年猪”的情结，家家户户建盖宽敞的厩房饲养数头年猪，并在闲暇时开着拖拉机到村庄前后的松林里收罗来成垛成垛的松毛垫厩，让年猪一年四季睡在弥漫着清香的松毛垫上，日复一日地积淀着底尼火腿特有的香味。年猪不大时，底尼人会在放牛牧马的同时也放牧年猪，三五成群的猪在树林里逍遥自在，吃野果，喝山泉，自得其乐，我断定底尼火腿鲜美的肉质与这有某种紧密的关联。

底尼人养猪特别讲究。喂猪的糠料都是煮熟了的，特别是临近宰杀时只喂煮熟的玉米面糊，一天喂三次，一头头膀大腰圆腿壮的猪以肥到睁不开眼，甚至无法站立来回报主人的精心饲养，底尼火腿的肥厚醇香与这样的饲养方式密不可分。底尼人说，任何品种的猪经过他们饲养后，绝对能造就出纯正的“底尼火腿”——这就是底尼人尊崇原生态食品的一种无比骄傲自信的情怀。

临近冬至，气温愈加寒冷，底尼人常选择这段时间杀年猪，这为腌制底尼火腿提供了最为关键的气候条件。宰杀好的猪前后腿被整只分离出来，大的足有三十多千克，小的也有十多千克，那就是腌制“底尼火腿”纯正的原材料，后腿自然是底尼火腿中的极品。酒足饭饱，夜深客散，“杀猪饭”过后猪肉余温散尽，有经验的壮年男子借着酒劲，在一张厚实的桌子上，在一只只厚重肥嫩的猪腿上捧上大把的食盐，通过搓揉、纳入、顿挫，使得大量的食盐渗透到猪腿的关节处、裂缝处，直搓揉到几近僵硬的猪腿如面团一般柔软才算完成腌制火腿的第一个环节，而腌制时放多少食盐则全凭经验掌控，过多则夺了肉香，过少则肉质松软、香味失散，甚至会腐败，所以腌制底尼火腿的活儿不是一件平常事，能腌制出纯正的底尼火腿的男子则倍受男女老幼尊敬。上了盐的腿和腰板肉等一起放入大缸里，压实平整，额外还要在表皮撒上一层厚薄适中的盐层，最后盖上盖子自然腌制。由于气温低，缸里渍出盐水并淹没全部的

猪肉，需要一个多月的时间，在这一个多月的时间里，我们无法想象肥嫩的猪腿、冰凉的盐水和无数的盐分子在冷凉的季节里，在幽暗的瓦缸里，发生着怎样的变化——物理的、化学的，有着怎样的你来我往的胶着纠缠！是盐分子强化了松针的香味，是冷凉的气温沉淀了玉米面的筋道，是肥嫩的猪腿成就了所有猜测，还是这片“红色小平地”天成这样一种叫作“底尼火腿”的美食材料？一个多月后，被盐水浸透的火腿出缸了，主人用一根粗长结实的绳子把它吊在房梁上，套上防蝇口袋让它自然阴干，十天半月后，真正的“底尼火腿”就呈现在你眼前了——一股浓郁的肉香穿透厚厚的皮直扑你的五脏六腑，催动你每个味蕾不由自主地探寻空气中的肉香。如何长久保存成品的火腿是个问题，但这难不倒勤劳聪慧的底尼人，他们把火腿埋进秸秆糠里——干燥防蝇而又

每个村落都是一座美食的城堡

不至于长期放置而过渡脱水。这样，一只火腿可以保存一两年，所以，人们习惯称底尼火腿为“底尼老火腿”。

切开底尼老火腿，白的是肥肉，如凝脂；红的是瘦肉，如玛瑙。还有玛瑙间白玉的，是任何一个画家或摄影师都不能做到的，不待烹制，已色香俱全，除底尼老火腿还真是少见。

底尼老火腿的食用方法可谓多种多样，爆炒、油炸、蒸煮，冷热相宜，无所不可。而油炸底尼老火腿是最能体现底尼老火腿熏香浓、肥而不腻、瘦而不柴之特点的最气派、最阔绰的烹制方式。取来上好的火腿，收拾干净后切成有成年男子手掌略大，四分来厚的“火腿砖”，然后放入油锅煎炸至金黄色出锅，再按食客人数每人一片盛于盘中上至餐桌，屋子里顿时溢满了足以让你臣服的醇香，这就是纯正的底尼老火腿的味道。

从底尼的制高点黑尼顶向东南方一直往谷底行进，很快就会进

入易门县海拔最底的十街占马田，满目的松林从视野里消失殆尽，迎面吹来的空气都是湿热的。易门县境内最大河流之一的扒河从北向南经张所、新城、魏所横穿十街坝子然后一路南下与易门最大的河流绿汁江在占马田汇合。奔腾的河水带来充沛的雨量和高原季风，造就了四季温暖少寒，春旱夏湿分明，雨热同季的热河谷地。整个十街河谷有成片的稻田和随处可见的甘蔗林，稻田养鱼，甘蔗制糖，十街，一年四季充满浓郁香甜的地方。

当地人管放养在稻田里的鱼叫“谷花鱼”。谷花鱼，这是我所知道的最原生态的鱼。

易门的谷花鱼主要产地在绿汁镇和十街乡两大热河谷地。绿汁江和扒河灌溉着两岸数千亩农田，同时滋养着数以万计的谷花鱼。我们行走在绿汁江和扒河流域阡陌纵横的稻田中间，目之所及鱼鳞状的梯田绿波翻涌，在一丘丘稻田里，成群的谷花鱼徜徉在一片片绿叶下，你所闻到的香有可能不全是稻花的味道，谷子成熟的季节，你所看到的黄也不一定全是谷子的颜色。

每年农历四月稻秧入田返青后投放鱼苗，鱼苗以谷花、杂草及害虫为食，稻田以鱼粪为养料，稻鱼共生的生态系统既可以为水稻生长提供良好的环境条件，又可以确保鱼的生态健康，鱼也因食用谷花得名“谷花鱼”。

在十街张所九百多亩的稻田里，有近一半的稻田通过改造用水泥浇筑了田埂，在稻田中间浇筑了供谷花鱼休养生息的一米见方的“田中鱼池”，用以专业化饲养谷花鱼。深夜，我行走在这一片田间，一盏盏荧光灯在田间闪耀，诱杀无数的飞蛾、蚊子供养水下的精灵。

八月是收获的季节。谷花鱼的美丽不仅在于生态和美味，还在于在炎热的夏天，在一片片金黄的稻田里，高卷裤管开田放水捉鱼，撕开田埂上的水口，挡上防逃竹篾任水自然流

底尼老火腿

通体金黄的谷花鱼

干，最后所有的鱼自然聚拢在田里预留的沟里，走在水沟里，不用你去抓，脚边满是窜来窜去的谷花鱼，弯下腰板用手一摸，绝对是满满的童趣，即便是泥巴裹满裤腿、泥水溅满脸嘴都无所谓，唯有欢声笑语在田间，江南有“渔舟唱晚”，易门有稻田摸鱼，相映成趣，殊途同归。这一种欢快是任何一种劳动都无法让你体验到的。满满的一盆鱼摆在我面前，通过一百多天的饲养，十厘米左右长的鱼苗变成了三四指宽的和成年男子手掌差不多大小的“金鱼”。谷花鱼的神奇之处也在于此，黝黑色的鱼苗放下去，养出来的是满身金黄的精灵，这不得不让你惊奇。

谷花鱼

在十街集镇上的小饭店里，我们品尝了最新鲜的谷花鱼。油炸的香脆，那是谷花的清香；清煮的甜美，那是泉水的甘甜；最绝的是“豆豉鱼”，用地道的“易门豆豉”烹煮整条的新鲜谷花鱼，也可以先油炸好谷花鱼，再浇上豆豉汤汁煮开，易门的两大美食亲密整合，香辣可口，回味无穷。谷花鱼以鲜中带甜、生态健康、营养丰富的特色，成为易门人民舌尖上的美食新宠。

到了初秋，稻谷泛黄，正是开田捉鱼的季节，但成片的甘蔗林依旧紧裹着青翠狭长的叶子玉立于田野，正暗暗积蓄另一种甜蜜。

《易门县志》记载：“历史上十街乡和绿汁镇蔗农用土法制红糖，1954 年有产糖户 113 户，产红糖 900 吨。”《易门县科技志》又载：“在老吾、大村、占马田、十街、张所一带，都有土榨制红糖的历史，主要原料是罗汉甘蔗，生产加工主要靠牛拉动木榨，挤压出甘蔗汁……”每年农历冬月尾至次年清明前后，熬制红糖是村中最重要的农事，春节也很少休息停工，但如今，只有在十街魏所一带，仍保留着原汁原味的土法制糖传统工艺。

在十街魏所糖坊里，我们亲历了土法制糖传统工艺。所不同的是现在用柴油机压榨甘蔗汁水，白色汁水不间断地榨出来。经过简单过滤后，蔗水又被倒入五眼“牛尾灶”的第一口大锅中。随着加热，蔗水沸起，榨匠不断地捞去泡沫和杂质，再把蔗水依次向内锅倒。翻入第五口锅时，蔗水已成金黄色膏状，稍稍搅动，便开始收缩结晶，变为金红色。榨匠趁热将糖浆舀进小瓷碗里，不一会儿，糖浆就冷却成红糖砣子。将碗扣过来轻轻一拍，碗状的红糖就掉了出来，整齐地排列在冷却台上，再两个一盒地用甘蔗叶包装起来，成为盒糖。灶上的五只大锅，依次代表了熬糖的各个蒸馏阶段，火候和翻糖的时间掌握得不好，或是捞沫子慢了点，这锅糖

就毁了，榨糖的好坏全凭人工控制，榨的虽然只是普通的甘蔗，但产出的却是精湛的手艺和暖暖的良心。一锅糖榨毕，糖坊主人用剩余的糖浆小心翼翼地注入一个小狮子模样的模具中制作成糖狮子，糖狮子是拿来祭供祖先用的。春节来了，在家堂供上一对糖狮子，一愿先祖一年四季“生活甜蜜”；二来祈祷先祖保佑糖坊生意兴隆、家人平安幸福。

十街榨糖色泽金黄、沙粒细腻、浓郁香甜、入口即化，含有丰富的矿物质、维生素、氨基酸、纤维素、叶酸等营养元素，含钙量是白糖的 10 倍，含铁量是白糖的 3.6 倍，较好地保留了甘蔗的营养成分，利于人体消化吸收，快速补充体力。中医认为，红糖具有益气养血、健脾暖胃、祛风散寒、活血化瘀之功效，是儿童、老人、病人、产妇的首选补品。

十街以她湿热的气候、奔涌的江水、广袤的山川成就了鲜美的谷花鱼和香甜的蔗糖，惊喜着每一个过往和向往十街的游客。

甘蔗

从十街往易门县城的方向驱车前进，大约三十分钟的时间就会来到浦贝乡。浦贝乡地处易门县中南部，离县城仅 8 千米，地势北高南低，高山峡谷相间，立体气候明显，扒河由北向南流经境内，从最高的水塘象山到最低点朋多驿马坡，形成多样生态环境。而浦贝集镇则是一个躺在高高马头山怀抱里的温暖平坝，盛产一种叫“浦贝羊肉”的美食。

在浦贝，不论是从东到西，还是从南到北，总有一抹“黑云”在山间、在树林、在河边、在山崖上忽隐忽现，其实那就是成群的浦贝黑山羊，它们迎风雨、顶烈日、吃野草、舔岩盐，只为满足你对羊肉的所有幻想。“浦贝羊肉”原材料都是店家或村民在山上放养的黑山羊，它们的肥瘦与饲料无关，它们虽然黑，但它们却是绿色食品，在易门“浦贝羊肉”早已成为“自然放牧、生态环保”的代名词，极具口碑。古人曰羊大为美，如今浦贝的羊肉以生态为美，可谓是难得的上品了。浦贝羊肉馆日常均制作出售粉蒸羊肉、油炸羊排、爆炒羊肝、小炒羊肉、羊肉凉片、红烧头脚下水……如

❶ 古老的制糖术

❷❸ 土山羊

果定制还能吃到烤全羊。“粉蒸羊肉”是浦贝羊肉中的极品，羊肉带皮蒸制，皮和肉都蒸得十分软糯，还有羊肝的鲜嫩、羊血的水柔、炸羊排的回甜等等不一而足，都会让每一个食客不虚浦贝之行。秋冬之际，店家还会推出羊肉汤锅，以羊血、焯水带皮羊肉、羊排、下杂为主料入锅，高汤是熬羊肉的原汤，呈乳白色，主料入锅升火开煮，不一会儿就可以开吃，吃肉喝汤，肉汤同香，味道浓郁，俗语言“羊肉滚三滚，神仙站不稳”，秋冬进补，非此莫属。

2012 年 8 月 11 日，浦贝乡第四届彝族火把节暨第一届羊肉美食节在浦贝乡隆重举行。这是一场与羊肉有关的，用歌舞承载民族勤劳智慧形象的狂欢。这一天，我们来了，我们尽情跳脚、挝锣，我们吃汤锅，我们祭火，我们狂欢。随着火把的点燃，围着升腾的火焰，豪放的彝家歌舞，香甜醉

人的彝乡美酒，飘香诱人的彝乡羊肉，所有的这一切，都从这个叫浦贝的地方扩散开去……

在易门1571平方千米的大地上，有58个村（居）委会756个村民小组820个自然村，彝、哈尼、苗等少数民族散落在山乡河谷，许多美食似乎都与他们有关，又比如苗寨的高脚鸡。

苗寨在哪里？在海拔2200多米的易门小街乡罗尹行政村腹地的小黑山东南面，有一个小村庄，村东北有山，远眺主峰偏向西北面，名歪头山，村以山得名，叫“歪头山村”。这里群山绵亘起伏，植被茂密，气候温和，这里居住着六十余户苗族同胞，他们好客、喜猎、善舞。这个小村庄就是“苗寨”。

高脚鸡是什么？它有可能是跟着苗族同胞的血脉关系从遥远的楚雄武定九厂迁来的，它的名字抑或出现在了《中国畜禽资源名录》之中。它以高大的胫体、粗壮的骨骼和比其他品种的鸡长三到四厘米的胫骨而成为名副其实的高脚鸡。

苗寨、高脚鸡，当这两个词组合到一起，瞬间就让我的味蕾有一种莫名的冲动。于是，我走进苗寨并和高脚鸡如期而遇。高脚鸡色彩艳丽、胸宽前突、胫高体大，以昂扬的姿态行走在苗寨，与苗族人民一起生活，俨然是苗寨的主人之一。“寨主”告诉我说，他们养的鸡都是自然放养，晚上鸡也不一定全部归家，早上起来，端来玉米撒在天井里叫唤几声，鸡各回各家吃食，平时都是不管不顾的。高脚鸡在家里吃主人投放的玉米和麦粒，在野外吃蚂蚁、甲虫，啄树叶，喝苗岭泉水解渴，吃风化沙子消食。我沿苗寨走了一小圈，发现房前屋后、田间地头，大树上、菜地里、水池边，都是高脚鸡的踪影，大大小小的高脚鸡逍遥踱步、无处不在。

晚饭时间，我在“寨主”家里品尝到了让我的味蕾冲动

的高脚鸡。“寨主”介绍，用来招待远方来的客人得用最好的高脚鸡，就是刚打鸣的小公鸡或者是刚刚开始下蛋的小母鸡。一般都是做成黄焖鸡或者清汤鸡，今晚做的是清汤高脚鸡，用的是刚打鸣的小公鸡。我受宠若惊，先来一碗汤，香甜爽口，再品尝肉，皮薄肉嫩，肉丝清晰，味道鲜美。主人敬酒，我们回敬，“开轩面场圃，把酒话桑麻”，不觉已是深夜……

易门的美食似乎都隐藏在高高的山上、深深的谷里，或在树上或在土里或在水里。高的山、密的林、绿的草、清的水，造就了处在“康滇古陆”南段西侧的易门大地上原汁原味的传奇美食。

苗寨高脚鸡

龙泉水的另一种滋味

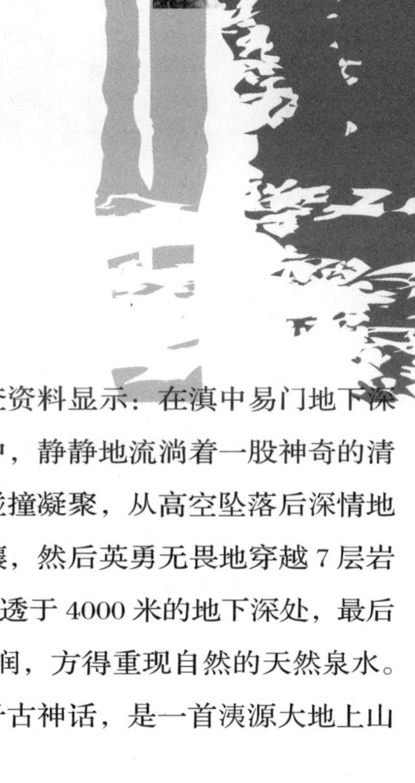

水进入人类生活的各种容器后，人类的唇齿就滋生了对水的永恒依赖。我们依赖从容器中流淌出来的各种水的滋味，其实，我们依赖的是从容器中流淌出来的各种生活的滋味。

据国家有关水文地质调查资料显示：在滇中易门地下深处的元古界玄武层原始石群中，静静地流淌着一股神奇的清泉。它是天上的对流雨不断碰撞凝聚，从高空坠落后深情地拥抱茂密的森林和肥沃的土壤，然后英勇无畏地穿越 7 层岩石，坚定不移、从容淡定地渗透于 4000 米的地下深处，最后经过了 14 年的天然过滤与浸润，方得重现自然的天然泉水。这是一个关于易门龙泉水的千古神话，是一首洟源大地上山水人文的壮丽诗篇。

如珍珠碧玉般镶嵌在易门群山怀抱和绿树红花间大大小小二十多处神奇的天然清泉，以不同的优美姿态和独特的滋味为我们走进滇中秘境易门，感知龙泉水的清纯与神奇提供了生动的自然表达方式，诠释了易门龙泉水“上善若水”的内在精神特质，成就了易门的地缘传奇。不必说明状元杨慎

心中“滇西第一名胜”大龙泉水的纯真自然与清冽甘甜味，也不必说“寒潭映月”小龙泉水的寒澈清爽与绵延书卷味，更不必说梅营和苗茂“珍珠泉”的活泼轻盈与热浪翻卷味、江口龙潭泉水的优雅娴静与柔情似水味、浦贝石莲寺清泉的澄碧如玉与清纯含蓄味，走进“滇中水城”易门，作为生命之源的龙泉水在我们的眼中、耳中、心中便有了丰富的内涵。易门的水空灵而又奔放，纯洁而又柔美。“道”便在自然与和谐之中“花好月圆”而源远流长。孔子以水比喻君子之德，龙泉水流于无形而有形的德行造化与山水精魂在岁月的变迁与沉浸自然中变得更加芳香、纯正而韵味十足。明状元杨慎，清易门进士董良材、周绂，民国初年画家董一道、骑兵中将刘法坤等众多文人雅士慕名循水而来、踏歌而去。在岁月的变迁与季节的流转之间，千古龙泉水源远流长、余口留香，有了更多的历史韵味。

风景极佳的大龙口孕育出澄明空灵的龙泉之水

作为千古龙泉水的最大水源地——易门龙泉国家森林公园，地处云贵高原哀牢山脉北端，属中亚热带气候，降雨量为856.9毫米，地势高出县城34米，占地12000亩，其中水域面积304亩，森林覆盖率达99.1%。公园内森林茂密、泉水清澈、百花绽放、鸟儿啼鸣。出自龙洞的龙泉水水质清澈、清冽甘甜，富含人体所需的氧离子、氢离子及锶、钙、镁等十多种微量元素。此泉水初饮味微涩，回味甘如饴，这是天然矿泉水的特殊口味。它至真、至纯、至善，是真正来自原始森林的天然矿泉水。

天赐元古清泉，它自然不染尘埃。走进“滇中水城”易门，空气里嗅到的都是龙泉水的清香与甘甜，它无处不流淌着龙泉水的空灵与精魂。汲取日月精华、来自深山古洞的千古龙泉水深情滋润下的洟源坝子，到处是龙泉水的另一种

滋味的完美表达，独特的地理风貌造就了易门龙泉水不一样的风味——锶泉养生人不老，高粱烤酒品质高。泉水泡茶功夫到，菌子飘香满街跑。豆豉佳肴味道好，蔬菜瓜果物产饶。龙泉河边齐舞蹈，高歌一曲把春报。“洟源”之水，生命之始，万物之本源。它自大地而生，经过了重重岩层之后又深情地回到洟源大地母亲的怀抱，滋润着万物灵长。龙泉水纯真、自然，无味胜似有味。万物归真，点滴真情，千古龙泉水纯正的“原味”令人痴迷！

在“滇中水城、菌乡易门”，人畜饮用、洗衣做饭、种菜浇花都是矿泉水！滴滴龙泉水入口，如沐春风，如饮甘露，泉香沁人心脾。默默地走在路上，渴了、累了、困了，就饮一口自然纯真的龙泉水，那真是一个透心儿的凉！好一个爽字了得！你说，这是不是龙泉水赐予易门人民的一道自然盛宴呢？被指定为中国“99’昆明世界园艺博览会”唯一饮用纯净水的“云南山泉”最初的水源地就

龙口之水

龙口泉香

龙口泉香溯源胜景
饮水思源普氏功德无量

易门大龙泉西山石壁高40余米，石壁下有一高、宽各5米左右的大溶洞，俗称『龙洞』。龙泉水即从此洞中经久不息地涌流而出。进入洞口不远，洞分三岔，主洞内宽敞高大，蝙蝠成群，悬如垂幕。洞深百余米处，有一石壁横切，俗称『石门坎』，泉水从壁底洞中阵阵涌出。壁前塑有一像，左手持凿，右手挥斧，据传为扩凿石壁、增大水量的『彝族伟人』普氏。石壁厚3米多，潜过石壁，又显宽敞。龙洞口右侧，有一岔洞，洞仅容一人匍匐而入。洞内无水，岐洞百出，钟乳石笋，千姿百态。龙洞口右上方有一洞，蟠曲直上，名『一窍通天』，通于岩顶大悲阁内。另一岔洞直入山腹，风光更胜。

在“天成易门”的大龙泉。2009年，云南本土的饮用水高端品牌——“滇溪龙泉”震撼推出。如今的“滇溪山泉”和“滇溪龙泉”桶装、瓶装矿泉水，已经渗透于易门人的灵魂，它已经成了易门老百姓生命中不可或缺的龙泉水的另一种滋味深层次的表达：清凉、纯净、实在。

好山好水有好酒，到易门不喝高粱酒，枉来易门走。提取来自龙泉国家森林公园深山幽洞中的龙泉水，酿造出众多不一样的滋味，“大龙口”牌系列酒类饮品，酒体清澈透明，清香优雅，醇净爽口，性稍热烈，它已悄悄地成为每一个行走于易门的游子心中挥之不去的浪漫与激情。“琼液刘郎休尽醉”，“龙武将军亦幽兴，笙歌锦瑟共壶觞”，在明状元杨慎三游易门的朦胧诗意中，一种因龙泉水而特有的豪情、纯粹与执着让人乐而忘返。不知这是高粱酒的醇香，还是龙水的醇香？酒体丰满、晶莹剔透、味醇且甘、回味绵长、性稍平和、别具风味的“南蛮酒”不禁让人联想到三国的诸葛亮“七擒孟获”时的豁达胸襟与智慧。其实，“南蛮酒”喝出的是龙泉水的另一种滋味：深情、宽容与朴实。采用独特工艺，用大坛发酵酿造的纯高粱白酒“九田酒”幽雅清香，入口醇和绵甜，性中和，有典型的云南小曲高粱酒风格，深得饮者喜爱。一坛土罐“二锅头”“九田酒”，足以让你喝出龙泉水的另一种滋味：情意天长地久，余香常留心田。诸如“金龙汤”“和谐”“如意”之类的品牌白酒，闻其名便能感知它们与龙泉水不一般的情缘。是啊，正是龙泉水的清醇与“原味”，铸就了易门高粱酒的传奇。

在“滇中水城”易门这个“天然大氧吧”中戏水、观翠、品酒、赏花、听泉，是一种沉浸自然、沐浴心灵的快乐表达方式。面对青山绿水、溪山飞瀑，在亭台楼榭之中休闲小憩，设炉生火，提壶泡茶，凝神静心观赏一番龙泉水与众多香茗的优美舞蹈，无疑是一种人生的乐趣。慢观细品，茶香四溢，神清气爽，我们似乎品到了一种远离喧嚣与繁华之后身心觉醒的滋味。说不清是茶香，还是

荷

这龙泉水的纯正与芳香让人心旷神怡。其实，龙泉水煮茶，品的就是一种怡然自得的心情，一种淡泊高远的情怀，一种宠辱不惊的智慧。“仁者乐山，智者乐水”的高雅境界似乎已经在这龙泉水与茶香的热情碰撞与和谐交融之中变得有滋有味了。

经过易门龙泉水浸润、洗涤后的菌子秀色可餐、品质极佳，用龙泉水煮制后的菌子更是锅内生辉，品后口留余香。易门菌子食鲜味美的秘密在于龙泉水。看到用龙泉水煮制的易门菌子火锅、清蒸菌子和干巴菌炒饭，你还能对易门龙泉水的这样一种独特滋味无动于衷吗？的确，心向自然，返璞归真，这是一种山水情怀，一种山水境界。菌子香飘，医食同源。或许，这山中采菌的其乐融融与龙泉水的曼妙舞姿已经在你的口中或者是心中生根、开花了呢！

自古以来，易门豆豉美名扬。易门豆豉飘香的秘诀就在于水好、豆好、制作巧。在流传至今的易门豆豉工艺中，富有灵性与活力的龙泉水是至关重要的。产豆、煮豆时的龙泉水必须不盈不亏，不温不火，同时要特别注意发酵后对料时酒的比例适中和妥善保存。整个易门豆豉的制作流程，简直是龙泉水的绝唱，如果不把握好水量、火候，那么无论如何也是做不出这色、香、形、味俱佳的美食的。那条形干豆豉经油煎、火烤后香飘十里。水豆豉一片红中略带点点青黄，吃在嘴里香嫩脆辣，让人胃口大开。或许，你还能品味到秋日黄昏左邻右舍围坐一堂众人剥豆时的欢声笑语与淳朴乡情味呢！

龙泉水滋润下的黄豆有着不一样的特质，除了可以做成远近闻名的豆豉制品外，还可以将干了的黄豆经过龙泉水的滋润，做成美味可口、老少皆宜的孙家屯豆腐。“小葱拌豆腐——一青（清）二白”的境界，不是随意就能创造出来的。不经一番磨砺苦，哪得豆腐嘴中香。

清纯、圣洁如甘露的龙泉水滋润了一方土地，也造就了一方风物，美丽富饶的易门坝子，沉浸在龙泉水的欢歌中悄悄地孕育、生长，以清新、淡雅的姿态形成了龙泉水的另一种滋味。美丽优雅的龙泉河为我们感知水、亲近水提供了一个绝好的去处。在小桥流水、鸟语花香的湖光山色之间，闻着龙泉水的清新与纯香，在蓝天碧水、草绿花艳中赏水、戏水也不失为一种浪漫的情趣。龙泉文化广场上舞动着的优美旋律，湖边飘动的漂亮裙裾，沙滩上留下的稚嫩脚丫，溪山飞瀑前的靓丽身影，林荫道上的悠闲漫步……这都源于可爱而鲜活的龙泉水，在每一个朝花夕拾的美丽景致里落了一地的诗意与想象。

千百年来，易门人民因得到了龙泉水的深情滋润与呵护，创造了“滇中水城、菌乡易门”的奇迹，让易门真正成为“龙的故乡、林的海洋、鸟的乐园、人的乐土”，在青山碧水间谱写了一曲曲感恩水、礼赞水的山水人文诗篇。山水相依，人与自然和谐共处。一

传统工艺酿制出清冽甘醇的易门高粱酒

代又一代勤劳朴实的易门人民像美丽、圣洁的龙泉水一样富有人情味，龙泉水的另一种滋味在山水间变得愈加浓重而热烈：饮水思源、知恩图报、源远流长。

如果说易门林的清幽与雅致，花的绚烂与华美，鸟的欢跃与自由是一首首萦绕心头的抒情诗，那么易门龙泉水的空灵与鲜活则是涌动于我们心海间的一抹奇绿。汩汩清泉，碧波荡漾，水波涌动，遐思万千……由云根作词，国家一级作曲家赵季平谱曲，谭晶演唱的颂扬易门美丽风土人情及水城神韵的歌曲《龙泉水》以其优美、轻灵的旋律在浈源大地广为传唱：千古龙泉水，今朝入故城，惠民流日夜，犹似在山清……

洟源水岸上的民族炫风

只有站在高山上，我们才能看得更远。只有站在水岸上，我们才能够听到如水般宏大壮美的民族颂唱。在洟源水的波涛激荡中，有祭龙的古老颂词传来，仿佛叙述着神农以来农耕文化的漫长史迹；有洞经古乐随桂子的清香袭来，反复涤荡着凡俗者久已疲惫的内心；芦笙声声环绕舞者身姿，弦子铮铮撩动水波澹澹，悠闲的凡俗时光弥漫了春天以后的洟源水岸。

滇中盛会“二月二”

这一天，龙抬起了头，只为万物从沉睡中醒来。这一天，我们伏下了身躯，只为祭拜遥远的天象。这一天，我看见春风拂过了山冈，多么美。

步入二月的门槛，阳光就格外温暖柔美了。

当你走进春风里，扬起脸庞，闭上双眸，轻轻地吸一口气，任凭柔柔的风抚摸着肌肤，会有种青草香掠过，轻花似雾、嫣熏兰破。人在漫步中伫立，心在闪烁间迷醉。思若琴曲、思似藤蔓，又恰似流水，潺潺不绝。

易门因水而生、因水而兴、因水而美，如诗、如画，如一位小家碧玉的少女，娇羞而自然。你看，那清澈如镜的龙泉水碧映青山，美丽的龙泉国家森林公园古木参天、鸟鸣芷香，更有水榭、长廊画栋引人入胜。蜿蜒曲回的龙泉河闪着银光，犹如一条玉带镶嵌在易门坝子，自西向东穿城而过。哗哗流淌的龙泉水敲打着轻快的节奏，唤醒了这沉寂一冬的土地。阳光下，春风里，龙泉河畔，那嫩绿的小草在温润的早春伸着懒腰，吐露嫩黄的新芽儿，排列有序的杨柳轻轻地摇曳着被嫩芽点缀的枝条。赶早的玉兰，更是耐不住春风的招拂，在唧唧啾啾的鸟鸣声里，绽放出了朵朵粉白娇艳、亭亭玉立的花朵，像一张张美丽的少女的脸。

在这春暖花开、大地复苏、草木萌动的季节，踏青、访友、放风筝、看大戏……追寻春的足迹，与春天来一次亲密接触，那是再惬意不过的事情了。每年农历二月初二日，如期举办的“二月二”戏会是滇中水城易门历史最为悠久、名声最为响亮、规模最为宏大、最具代表性的群众性民间文化活动。

“二月二”戏会是中原农耕文化在滇中易门沉淀的产物，是一个被节气熏染的民间传统节日。易门“二月二”戏会历时三天，从初二开始至初四结束。每年都要举行隆重的祭龙大典，邀请省、市滇剧院团的名角在大龙泉古戏台登台表演，连唱三天三夜大戏。祈求在新的一年里风调雨顺、国泰民安、

❶ ❷ 从雍正年间延续至今的大龙口唱大戏习俗

❸ "二月二"戏会盛况

幸福吉祥。

在古代农耕社会，水是人们生存和生活的必备条件。远在明朝，易门就开始建"水城"，对龙泉水进行开发利用。先民们常怀敬畏之心，向夜以继日滋养这片土地的龙泉水虔诚地顶礼膜拜。先民们认为，龙泉水是龙吐出来的，在出水的溶洞里有一条青龙。龙是中国古代文化中地位显赫的神物，是祥瑞之物，更是和风化雨的主宰。在民间有"二月二，龙抬头；大仓满，小仓流"的民谚，这是古代农耕文化对于节令的具体反映。"二月二"龙抬头的说法，则是古代先民祈福的心理写照。

"二月二"这一天，天色微明，大龙泉已是人山人海，热闹非凡。方圆数十里的各族群众放下手中的活计，换上新衣，扶老携幼，从四面八方赶来。昆明、楚雄及玉溪其他地方的数万群众涌入易门，前来看戏娱乐、探亲访友、旅游观光、贸易经商。其热闹程度不亚于春节，场面颇为壮观，盛况空前。

易门"二月二"戏会祭龙大典在大龙泉出水口的龙洞前举行，随着祭祀司仪庄重的吟诵："诚拜九天玉帝，恭请龙君正神，亲临下界，与万民百姓同乐，享万年香火，奉供奉、奉五谷、上天香、鸣鼓乐、叩拜……"祭龙大典开始了。祭龙仪式起源于明朝，在旧时，按照传统习俗，祭龙分为供奉三牲、五行奏乐、百花齐贺、万物来朝、宣读祭文、虔诚祭拜、祥云醒龙和龙行天下八部分。其实，"二月二"源于中国人自古对龙的崇拜。这一天也叫"龙抬头"，龙在中国有着很重要的地位和影响，龙的威严震慑着每一个华夏儿女的心灵。早在七千多年前的新石器时代，先民们就开始对龙保持着图腾崇拜。封建社会，龙代表九五至尊，表示尊贵，能招贵人、防小人。自秦汉以来，龙逐渐成为封建皇权的象征，龙的形象和精神内涵不断被历代皇权赋予各自的意志。也就是因为权利的维护，使对神龙的图腾崇拜一朝一朝延续下去

相传，每年农历的二月初二日，龙洞里的青龙醒来便要翻身抬头，开始兴云布雨、吐水纳贡。如果青龙不高兴了，不抬头或者抬

从雍正年间延续至今的大龙口唱大戏习俗

头太低，那么，这一年龙洞里流出来的泉水太少，易门坝子就会闹旱灾；如果青龙发怒了，头抬得太猛或者抬头太高，那么，这一年龙洞里流出来的泉水太多，易门坝子就会遭水灾。为了让青龙高兴，或者说为了感谢青龙对易门人民的恩赐和厚爱，人们便于每年农历二月初二日这一天，在大龙泉龙洞口献上三牲醴，开展祭祀活动，祈求青龙的庇护。为了体现诚意，人们不仅把祭祀活动搞得庄严隆重，而且还要在大龙泉古戏台上连唱三天大戏，以感动在龙洞里的青龙，使之抬头适中、出水适量，保证当年风调雨顺、五谷丰登。

大龙泉古戏台位于龙泉大寺正对面西北角，始建于何时已无据可考。据史料记载，古戏台于清咸丰三年（1853 年）重新修建成。戏台为三间连，中间是台面，两边有盘龙柱。戏台飞檐翘角，雕梁画栋，彩画屋楹，龙凤飞舞。为了看戏，来得早的可以在戏台前得到一个好位置。来得晚的，就只能站在戏台两边的高台上，远远地观看了。有传统剧目《请财神》《芙蓉花仙》《三岔口》《柜中缘》《古城会》《女儿国》《秦香莲》《福寿图》《白蛇传》等。台上演员的精彩表演，看得观众如痴如醉、拍手叫好、大饱眼福，许多观众纷纷拿出相机、DV、手机抢抓精彩瞬间。

“二月二”戏会期间，易门各族群众还在龙泉文化广场及龙泉河畔，自发地组织表演民族歌舞。如有汉族的龙舞、狮子舞、蚌壳舞、毛驴灯、洞经音乐、皮影戏，彝族的花鼓舞、葫芦笙、左脚舞、唢呐吹奏，苗族的芦笙舞、笛子调，哈尼族的棕扇舞，还有汉族和彝族相互融会贯通的山歌小调对唱，以及花灯、滇戏、京戏演唱等等。这些活动的开展，不仅丰富了“二月二”戏会的内容和形式，满足了人们对文化生活不同层次的需求，还让观众流连忘返，沉浸在欢乐的海洋里，尽享异彩纷呈的民族特色文化饕餮盛宴。

有关易门“二月二”戏会的历史，最早可见于清朝雍正

云南省滇剧院在“二月二”期间的演出

庚戌进士董良材编纂的《易门县志》，卷六记载：“二月二，军民备牲醴，官诣大龙泉祭祀，宴会，演剧。”董良材在大龙泉古戏台题写“水兢云迟”四个大字的史实，证实易门“二月二”戏会的演剧活动在清雍正年间就开始了。

早期的“二月二”戏会，称为“二月二”会戏。旧时易门坝子共划分为十个会，因为这十个会的农田均用大龙泉水灌溉，所以“二月二”会戏就由各会轮流做庄主办，故名会戏。民国二十五年（1936 年），因重建龙泉大寺，由民众推举各会乡绅组织成立“易门县龙泉委员会”，该委员会有公田四十余亩，每年均有收益，故由委员会统一办理龙泉大寺的修建事宜，并以委员会的名义举办会戏，邀请省城昆明的戏班名角前来演戏，使“二月二会戏”的剧目

OLYMPIC 新北京 新奥运

舞狮

更加丰富、演出更为精彩。据史料记载，传统的“二月二”会戏，除了初二至初四每天要演三场正戏（早、中、下午至傍晚各一场）以外，还要在初一的下午演一场“开场戏”，初五下午演一场“扫台戏”。初二早晨，会戏开始前，先由知县在龙洞口主持祭龙，祭龙结束后，知县率各会会长、各乡镇长及乡绅名士到官亭就座看戏。有时候，知县还要亲自点戏，待知县等坐定或点戏之后，会戏才正式开始。为了保证演出质量和方便观众看戏，后来的“二月二”会戏每天只演两场（中午、晚上各一场），三天共计演出六场。

如今，“二月二”戏会已经成为易门人以戏会友、以戏搭桥、以戏活商、以戏扬名的传统节日和重要庆典活动。2006 年，“二月二”戏会被玉溪市人民政府列入民间民族传统文化保护目录，收入《玉溪市非物质文化遗产保护丛书·节庆篇》。这一古老民俗与民众祈龙赐福的愿望成为易门坝子一片滚动的春色。

桂子飘香　古乐悠扬

悠扬的不仅是花香，三通鼓后，在寂静中骤然而起的万物颂唱，醉了鱼虾，应了河畔落霞。

“一泓秋水北山阿，万顷琉璃静不波，返照银河窥织女，倒悬玉镜冷姮娥……”仿佛是天上传来的仙乐，一曲曲是那么幽雅、婉转，悦耳动听，仿佛穿越到了大唐，一群男女老少，身穿唐装，神情是那么古朴。

2013 年农历二月初二，龙泉河畔，一群盛着唐装的男女老少，正在全神贯注地演唱易门洞经音乐《渼源古韵》。场面宏大，气氛热烈，被联合国教科文组织认定为非物质文化遗产的洞经音乐，在易门得以传承、演绎、发扬光大。

清末易门洞经演奏高人吴纯

易门洞经音乐有几百年的历史，但史料记载很欠缺。目前仅有《易门县志》、侯尊贤的《建国前易门洞经会的活动概况》和许建明的《易门洞经音乐活动调查简记》可见部分记述，所以提到洞经音乐，多数人都很陌生。2013 年，新组建的易门洞经乐队首次亮相，吸引了众多的目光。

第一句歌词是从哪一扇梅花格子的窗飞出，飘进人们的耳朵，第一声古琴声是穿透哪一片琉璃瓦，清脆地滴落在众生的心田？斗母阁就是你寻找的答案。据《易门县志》记载：“易门洞经音乐，相传是从大理、禄丰一带传入，主要是宣讲奉诵《大洞经》，始于清乾隆年间。”易门洞经音乐最初弹唱地点在高真寺斗母阁内，后迁至观音堂（今县委党校址）、化善寺（今烈士陵园址）。

在易门洞经音乐的历史上，有一个举足轻重的人物，他就是董良材。董良材，雍正庚戌进士。任贵州铜仁府知府，因母丁忧，后不复仕，一生致力于乡梓各种善行。怀着一腔文人的情怀，他对当时弹唱的洞经音乐“祝文”进行了修改，撰写了《大洞仙经解文集诗集》。洞经会成立后，董良材发起筹资募捐，慷慨解囊，为洞经会购置田地、商铺，出租所得

洞经演出

洞经演出

作为每年弹唱洞经的活动经费。

洞经庙，在易门是老少皆知的。它已经作为一个时代的标志，深深刻印在了人们的记忆里，刻印在了家里一张张老照片中，刻印在了易门的历史上。据考证，易门洞经庙是云南省唯一一座专门演奏洞经音乐的庙宇。董良材于乾隆二十九年（1764 年）就聚奎书院故址（今龙泉幼儿园）修建了桂香书院。清朝末年，桂香书院停办旧学，成立了洞经会，以器乐伴奏谈洞经，洞经会更名为桂香社，桂香书院就俗称为洞经庙。民国四年（1915 年）后，洞经庙大殿内设经堂："文昌帝君"位列中央，"温天君""马天君""邓天君""赵天君"等牌位置于两旁。洞经庙内的宫灯、明扇、香炉、青松叶、红烛、丝绸绣花，都在一一昭示着洞经会的肃穆与繁华。

每年的农历六月二十三日晚，洞经会成员在沐浴更衣后，集中

于洞经庙中举行“迎圣”仪式：跪拜大殿中央，主祭高声唱读祭文，奏乐时鼓锣齐鸣，乐声喧天。二十四日，谈唱一天，晚上举行“送圣”仪式。二十五日，管事公布账目并选出下一届管事，谈唱洞经活动结束。洞经会的入会者均是文人雅士，彰显了洞经会的“礼乐地位”。

是怎样的歌声，已融入了大自然，又是怎样的音符排列组合成了这美妙的声音？碰撞出这些音符的乐器一定是一个完美的队形。易门洞经会乐队均由男子组成，殿内左右两侧每边置方桌三张各六座，按座次固定各种乐器及演奏者的位置，神位右边第一座为东首座，为乐队的指挥。在乐队指挥的指挥下，我们听见大鼓、扁鼓、大锣、小锣、铜磬、小钵、木鱼、唢呐、笛子、二胡、三弦、胡琴、扬琴、琵琶、提板一起发出声响，组合成了优美的洞经旋律。

洞经谈经活动使用的经曲、曲牌统称为“九板十三腔”，每首经曲大都以所唱古诗的头两个字命名，如《云生腔》《云淡腔》《古木腔》《雨歇腔》《一为腔》《小鹧鸪》《山坡羊》等，这些众多的经曲、严格的曲调、规范的工尺谱，融合成了一直传唱到今天的易门洞经音乐。

一块石头熔炼为活的化石，必是经历了一番千锤百炼，必是凝聚了一颗人心，必是滋润了一方土地。

1909年至1932年，易门洞经会在洞经庙内创办了“桂香小学”，免费招收辖区范围内的学生。

“我们的学校，秀丽清雅……努力求学问，求得学问，多么光荣”的歌谣是桂香小学校歌，“亲爱精诚、团结和睦”是桂香小学的校训，这积极、向上、奋进的桂香小学是易门洞经会创办的。多少学子从这里打开“看外面的世界的窗口”，一批批的人才从这里迈出易门。

1941年，易门洞经会桂香社与社会民众一道捐资，加之县府拨付公粮，合力在洞经庙后西北50米处，修建过滤水池、石塔，安装两百多米的陶管引水，方便了县城民众用水。

1945年抗战结束后，洞经会收回公房，创办“洞经会图书馆”，自费购买三百余册自然科学、社会科学书籍，征订《民国日报》《民意日报》免费供民众学习。

洞经音乐像水一样流淌人间，惠及民众。桂香社照耀着四方山水，点缀着点点繁星。

曾几何时，易门县洞经音乐活动规模盛大。据资料显示，方屯坝子、浦贝乡、十街乡、小街乡、六街镇等都有洞经谈唱。

梅花营村的“清河社”、曾所村的“凤山社”组成了方屯坝子洞经会，其社员由周边村落的人员构成。梅花营村广积寺内的文昌宫和曾所村内的朝峰寺就是这两个洞经社的谈经地点。

浦贝乡洞经会名为“普光社”，其谈经地点在新街子的文昌

易门洞经演奏旧址——观音堂（今县委党校）

宫。浦贝西边的彝族村子一汪水深受影响，也有洞经会。

十街乡老吾村洞经会名叫“崇文社”，其谈经地点在老吾村文昌宫，人员由附近村的会友组成。彝族聚居地马头山等村成立了“云来社”，其谈经地点在大马山村的土主庙。

小街乡小街村的洞经会名为“洞经堂”，其谈经地点在小街村旁见龙寺及文昌宫，人员由该村及附近村的会友组成。小街乡的罗尹、法本也有谈经活动，虽然名称已记不清楚，但人们还记得是在老黑寺和文昌宫活动。

六街镇茶树村的洞经会名为“忠义会”，其谈经地点在村头寺庙；中甸心村的洞经会名为“洪恩会”，其谈经地点在张姓家庙；二街村的洞经会名为“嘉庆会”，成立于清嘉庆年间，其谈经地点在高峰寺。

随后的几年里，易门洞经音乐沉沉浮浮、停停走走。

清末至民国时期易门洞经演奏高人郑光（右）、郑绍宗父子二人

1950 年，“忠义会”“洪恩会”“嘉庆会”谈经活动停止。

1988 年，部分洞经会员组合起来，恢复谈唱洞经，后又因后继无人而停止。

1995 年，县城洞经会友为复兴易门洞经音乐多方奔走一年多后，成立了“易门性善洞经学社”，并慷慨解囊，出资请人用木板刻印经书，发给洞经爱好者学习。

2006 年 1 月，易门洞经音乐被列入玉溪市民族民间传统文化保护名录。

时光如流水，往事历历在目。易门洞经和易门民众承载了多少磨难、经历了多少故事。清中期的董良材、吴进伟、欧声振，

晚清的侯君选、郑光、吴纯，民国的吴致格、侯尊贤、郑绍宗……这一个个名字都承载着与易门洞经的不解之缘。

近年来，民族、民间文化建设得到了更多的重视，易门洞经音乐又踏上了复兴之路。

2013 年 8 月 23 日，易门洞经学会成立，选举产生了理事会，学会会员达 50 人，其中女会员达 27 名。

春暖花开、万物复苏，我们将怎么谱写易门洞经音乐的新篇章呢？易门洞经学会成立后，通过借鉴昆明、大理巍山、丽江、红河建水、玉溪通海等地洞经，经过整理、融合、创新，形成了现在传唱的易门洞经音乐。在唱词创作上，与易门古代最具特色的“烟寺晚钟”“龙口泉香”等八处风景形胜融合，创作了“洞经八景”谱，在易门洞经音乐乐谱创作上翻开了历史性的一页。

在桂花飘香的季节里，静坐在那棵高大的花树下，浅尝一块桂花糕，聆听悠扬的古乐，接受心灵的洗礼，可以进入到物我两忘的境界中去。

易门洞经演奏的主要乐器之一——三弦

刀尖上的舞者

舞，是一个民族跳动的语言。在芦笙旋律中升起的舞姿，言说着一个民族跋山涉水的迁徙秘史。

当我打开车门的一刹那，着实被眼前的景象惊呆了：三支牛角、三把芦笙以及站成两排的身着盛装的阿卯（花苗自称）。他们唱着苗族歌，跳着苗族舞，端着三杯满满的牛角酒，不容拒绝的盛情扑面而来。以至于让我在下车后的第一时间里将自己灌醉，不分南北，难辨东西。这就是我第一次走进歪头山苗寨的情景。歪头山苗寨位于易门县小街乡罗尹村委会歪头山，距离县城 60 千米，距离乡政府所在地 15 千米，是小街乡唯一一处花苗聚居地，也是易门最大的花苗聚居地。

相传，苗族是九黎部落首领蚩尤的后裔，在 5000 年前的那场逐鹿中不敌黄帝，败走疆场，溃退中原，由此开始了一场漫长的迁徙。歪头山苗族也是从外地迁徙而来的。据《阿卯古史传说》记载："苗族最早居住在我国黄土高原西南面（也说是黄河流域），后渡黄河、逐步向南和东南迁移，最后进入我国西南山区……居住

获“彩云奖”金奖的苗族舞《帽儿尖尖帽儿圆》

在威宁一带的阿卯由芦笙吹奏引路，逆金沙江沿岸西上，经乌蒙雪山，吃草根、住岩洞，千里逃生来到武定万德、禄劝团街等莽土司坻居住。然后又逐步从北迁到今武定插甸、高桥、九厂、近城、猫街，禄劝茂山、崇德、屏山、翠华，禄丰、富民、安宁、易门等山坡上。”据歪头山祖辈传承的说法：“易门歪头山苗族祖先最初居住在黄土高原，后被他族追杀，便渡过黄河、长江南迁，后汇拢到沅江，又逃到贵州威宁莽州。1943 年，龙进才等 7 户共 40 人互相邀约迁到歪头山，租种罗尹汉族地主张本太的荒山开荒种地，暂时居住下来。”

苗族的历史就是一部不断迁徙的历史。迁徙不仅影响了苗族人的生活，而且影响了他们的心灵，逐渐形成了他们独特的“迁徙文化”，它顽强地生长在苗族的发式、服饰、歌谣、舞蹈以及口耳相

❶ 花山节上的芦笙舞

❷ 盛装的阿卯

传的故事里，生长在一代又一代苗族人的情感里。

歪头山苗族妇女发型独特，有“独角髻”“双角髻”“高髻”“双髻”“盘龙髻”之分，以纪念古代南迁的史事、区别婚否和年龄。其中又以“独角髻”最具深意。在迁徙中，苗族先民为防止苞谷种被黄河水冲走，花苗女子以圆锥形小篾罩罩于头顶前部，将长发缠绕在篾罩上，形成如犀牛独角的椎髻，将苞谷种藏于头顶，顺利带过黄河。为纪念和提醒后世子孙不忘那段艰辛的历史，花苗妇女梳这种独特的发型。“独角髻”让赖以生存的粮食得以保存和传播，让苗族人民能在新的环境中创造新的生命奇迹。2009 年，易门县文工团据此习俗创作演出的苗族舞蹈《帽儿尖尖帽儿圆》以其鲜明的民族风格和赏心悦目的艺术特色，在云南省第三届民族民间歌、舞、乐展演中荣获“彩云奖”金奖，在中央文明办与文化部举办的“文艺进社区”展演活动中荣获金奖，还在全国少数民族文艺会演、中国民间文艺奖和云南省优秀文学艺术奖等多项展演评比活动中获奖。

在迁徙中，苗族原有的文字已失传，聪明的苗族人民将重要的信息记录在衣服上，保存于图案中。歪头山苗族就是通过服饰来记录史事的。他们服饰中的每一个图案都蕴含深意，是解开苗族历史的“密码”，被称为“穿在身上的史诗”。花苗男子穿着的传统长衫表示不忘祖先披树叶、围兽皮的艰苦生活。男女均穿的花坎肩，其中的绣花图案记录着苗族的古代文字和迁徙故事：三个回形长方形套框，代表着苗族祖先渡黄河、长江、沅江的迁徙路线，中心的城楼代表着苗族古代的京城，城楼外边环以彩色花朵和符号，代表着苗族古代的版图、农作物和文字。2007 年 5 月，歪头山苗族（花苗）服饰被易门县人民政府列入民族民间传统文化保护名录。

在迁徙中，苗族先民凭借芦笙的指引走到一起，在芦笙

舞的节奏里走向胜利，创造出很多独特的舞蹈。迁徙中“青年人骑牛游渡”（《阿卯古史传说》）。入夜，人们吹起芦笙、燃起篝火将人们召集拢，伴随芦笙的旋律起舞以驱除寒气，在“探路”“跳河滩”“双踏浪”“滚笙”“双搭桥”“恋家乡”“上河岸”“开荒地”等动作套路里尽情表达对家乡的思念和对前途的期许，这就是苗族

芦笙舞

的芦笙舞。2005 年 7 月，歪头山苗族芦笙舞被易门县人民政府列入民族民间传统文化保护名录。2006 年 1 月，被玉溪市人民政府列入民族民间传统文化保护名录。为纪念苗族先民用三棵树桩做柱子盖成草房子的创举，他们吹起芦笙围着草房子翩翩起舞，于是有了舞蹈“跳三桩”。舞蹈“跳三桩”是

一个民族的历史一针一线地绣在服装上

苗族人民乐观向上性格的集中体现，它所传递的是苗族人民的大气与从容。这种表演性舞蹈通过表演者吹着芦笙在高 1.2 米、直径 0.3 米的三棵树桩上做跳桩、走梅花、倒立、下腰、虎爬、桩上叠罗汉、上天梯、垒宝塔等高难度动作和造型来表现苗族人民的生产、生活的艰辛。整个舞蹈共分跳三桩、滚锅、滚尖刀、顶碗、叠罗汉等 5 个套路 37 个动作，动作难度大，惊险异常，别具一番气势和神韵，观赏性很强，具有很高的美学价值和研究价值，在玉溪众多的民俗文化中独树一帜。其中的“滚尖刀”套路最令人叹为观止。表演者在毫无安全防护的情况下，吹着芦笙，以头和脚着地，身体腾空，从身下数把置于地上的利刃向上的尖刀上以头为圆点划圆滚动数圈，每一次滚动都是对生命的考验，让看者心惊。我曾问过他们为何要做如此惊险的动作？他们的回答是：苗族经历的苦难好比上刀山、下火海，不如此无法感受先辈们所经历过的苦难，我们能

织布

❶“跳三桩”之“顶碗”

❷滚锅

❸❹滚尖刀

做的就只有铭记于心并不断自强。1998年11月，歪头山“跳三桩”舞蹈在云南省第六届少数民族传统体育运动会上大放异彩，荣获表演项目金奖。1999年9月，到北京参加全国第五届少数民族传统体育运动会开幕式演出获表演项目银奖。1999年10月1日，参加天安门广场庆祝国庆五50周年广场演出。2005年7月，被易门县人民政府列入民族民间传统文化保护名录。2006年1月，被玉溪市人民政府列入民族民间传统文化保护名录。2009年9月，被云南省人民政府列入“云南省第二批非物质文化遗产名录”。

新中国成立后，苗族人民的生活翻开崭新的一页，彻底告别“小鸟无树桩，苗家无地方”的流动生活，刀尖上的舞者——苗族——过上了幸福安定的生活，一系列灿烂的民俗文化也得以传承和弘扬。

春节刚过，歪头山迎来一年之中最热闹的节日——踩花山。踩花山，苗语叫“纳阿里”，俗称花山节。歪头山花山节原在正月初二至初五举行，现改为正月初八举行，每三年举行一次，是歪头山苗族庆贺丰收、择偶、展示传统文化的重要节日。这一天，安

3

4

宁、禄丰、武定等周边县市的花苗都要穿上盛装，纷纷赶赴易门歪头山参加集会，汇聚到“花杆”周围，举行对歌、跳芦笙舞、斗牛、射弩、拔河、爬花杆等一系列文体活动，场面异常热闹。歪头山自1992年举办首届花山节以来，至今已举办了七届。2005年7月，歪头山花山节被易门县人民政府列入民族民间传统文化保护名录。花山节文艺演出的主角是歪头山苗族风情艺术团。艺术团成立于20世纪80年代末90年代初，是苗族文化继承和发展的平台，每当有节庆和重要赛事时就是歪头山苗族风情艺术团大展身手的时刻，他们创作的“芦笙舞”“跳三桩”等表演节目曾多次参加国家、省、市、县的赛事和演出并荣获多项大奖，是易门县不可多得的一支民间文艺团体。

爱情和婚姻是人类永恒的主题，不同的民族有不同的婚俗。歪头山苗族“抢婚”习俗惊险、刺激、浪漫，让人充满遐想。在歪头山，如果小伙子看中一个姑娘，就约伴躲藏在姑娘经常路过的地方，待姑娘一到，即刻将她抢回家，让她在一间专为她准备的房间住上几天。在此期间，小伙子天天送去饭食款待，天天去探望、谈心。几天后，如果姑娘对婚事有意，男方遂请媒提亲，议定礼

苗家姐妹

金，择日成婚。如果姑娘不喜欢小伙子，小伙子只得将她送回，另择佳偶。其实抢婚是苗族青年反抗包办婚姻的一种借口，是大胆追求幸福的一种方式，是“勇敢者的游戏”。换作是你，你敢如此大胆地表达自己的爱意吗？

歪头山苗族仗义、勇敢、幽默、乐观，重团结、讲义气，能吃苦耐劳，富于创新精神，为易门的政治稳定、经济发展、文化繁荣做出积极的贡献。现在的歪头山，不仅有独特的民族风情和独特的历史文化，更兼有苗家的热情与豪迈。如果你现在来到歪头山苗家，他们的热情能瞬间把你融化，热情的拦路歌和满满的牛角酒让你乐而忘忧，完完全全融入芦笙舞欢快的节奏，让你尽情体验歪头山苗家人的性格。看苗族风情表演、喝牛角酒、体验抢婚乐趣已成为易门小街乡最知名的旅游品牌，你还等什么？

花山节斗牛

水边的三弦韵律

有三弦的地方，一定有男人。有男人的地方，一定有女人。有女人的地方，我们就一定能听见人类生活最欢快的弹唱。

绿汁江的江水从古至今日夜不停地兀自向南流去，时而湍急如猛兽，时而娴静如少女，江水孕育出的江畔彝族文化像江水一样源远流长。让我们踏着时间的脚步，走进绿汁江沿岸的村寨，去体味彝族文化的独特魅力。

当满山遍野的迎春花盛开的时候，绿汁江畔铜厂彝族乡碧多村的彝族群众就在正月初四这一天开始举行一种独有的祭祀活动——“跳哑巴”。

“跳哑巴”源于何时何事？碧多村有一块神奇的哑巴石，石上绘着哑巴公的神秘脸谱，让人浮想联翩……记得《红楼梦》开篇写道：青埂峰上有一块女娲补天遗漏的顽石具有灵气，后来被茫茫大士和渺渺真人携入红尘，投胎在金陵贾家，由此演绎了一段荡气回肠的凄美爱情故事。哑巴石又是哪位神仙遗失在绿汁江畔的灵石呢？哑巴石默默讲述着彝族先祖一个凄婉的爱情故事。

记述着一段凄婉爱情故事的哑巴石

很久以前，碧多村有一对要好的青年男女，小伙子勤劳勇敢，姑娘聪明美丽，可是贪婪的娥滴（国王）抢走了美丽的姑娘，勇敢的小伙子就追到了王宫附近寻找姑娘。在朦胧的夜色里小伙子吹响葫芦笙呼唤姑娘，姑娘与小伙子一起逃到山里，双双装成哑巴并结为夫妻，村民们吹起葫芦笙、跳起舞为他俩祝福。娥滴知道后，便派人杀害了这对夫妻。乡亲们很悲痛，为悼念这对敢与娥滴抗争的青年，每逢正月初四哑巴夫妻被害这天，村里人就装扮成这对夫妻生前的模样，跳起他俩爱跳的舞蹈纪念他们。

斗转星移，绿汁江水依旧潺潺地流淌，碧多村瘟疫流行，禽畜几乎都死光了，人也死了不少，族长就提议设太平会，

祈求神灵保佑村里人畜平安。族长认为传说中的哑巴夫妻敢与邪恶的娥滴斗争，也定能驱除瘟疫，为村里人消灾解难。于是，从太平会立会之年起就有了“跳哑巴”活动，立会日恰巧是正月初四。太平会还规定“跳哑巴”跳三年又停三年，从此，“跳哑巴”具有祭祀和驱疫逐邪的作用。

神奇的传说让“跳哑巴”蒙上神秘的面纱，且听“跳哑巴”的传承人李德金的介绍：“跳哑巴”由祭神、起坛、跳哑巴舞、杀哑巴、吃哑巴肉、庆贺等六个部分组成，人员由太平会的“春官”组成，“春官”全为男性，主要人物是哑巴神，即哑巴公和哑巴母。“跳哑巴”的地点不得随意改动，所需道具必须在村中的哑巴石前制作。

虎图腾面相

又是碧多村迎春花盛开的时节，正月初四这一天，爱跳葫芦笙的人们都汇集于碧多村，小山村沸腾了。此时，跟随着“跳哑巴”的舞队，近距离领略云南傩戏、傩文化的神奇魅力。

浓墨重彩的装扮是傩戏的特点，哑巴神登场了。哑巴公由村里身材高大的汉子扮演，他戴的面具是一个用火草编织的挎包，挎包口朝下套在头上，挎包的两面绘上了传说中的哑巴公面部形象，挎包外底部的两端各插着几根野鸡尾翎，身穿一件用棕片缝成的蓑衣领褂，手握一根长约六十厘米的细竹竿，做驱邪赶鬼之用。哑巴母则由一男子男扮女装，其穿着打扮跟当地彝族妇女差不多，手持一扇棕叶，作驱邪赶鬼之用。其他表演人员着常服，有吹葫芦笙、弹月琴、吹笛子、提牛神牛栏道具、提肉烧香、唱“阿哩噜”的乐队和演唱者共 14 个人组成。

天渐渐黑了，“跳哑巴”开始了。人们在村西头一块平缓的地方祭祀春神，祈求春神保佑五谷丰登；在村东头的哑巴石前起坛，用酒祭献四方天地神灵；在每家每户的堂屋里跳哑巴舞，祝福主人家过个太平年；在村东头偏北的山道边杀哑巴，烧掉烂蓑衣，表示恶魔已随之而死；在村中的大晒场上，春官们用大锅煮“哑巴肉”，分给在场的大人和小孩，每人三块，就是吃“哑巴肉”，保佑四季平安、身强体健。

吃过“哑巴肉”，就开始隆重的庆贺活动。撤去方桌，大家开始围在一起跳起葫芦笙，庆贺村中驱疫逐邪的胜利。随着乐队演奏的各种曲子，人们跳起不同的舞蹈动作，变化着队形，歌舞达旦。

到了正月十五，马缨花盛开得像火一样红的时候，绿汁江畔绿汁镇木厂村委会白沙坡村的彝族群众就开始跳“虎掌舞”。

“虎掌舞”源于一个古老的传说。很久以前，正当白沙坡

彝家支在野外的火塘

凤山上的马缨花盛开的时候，有两只老虎从大理来到绿汁江边，湍急的江水使老虎无法继续前行，老虎就转回到白沙坡村南边景色秀丽的云盘山上。老虎的到来避免了其他动物对村民、家禽和庄稼的侵袭及损害，从此，这里的彝族人民安居乐业、风调雨顺、六畜平安。村民们认为是老虎给他们带来了幸福和吉祥，于是白沙坡村民视虎为神，称虎为“倮马”，称自己是虎的后裔。为了感谢这两只老虎，也为了祭祀祖先，白沙坡村民就按照虎的习性和爱好，模仿老虎的动作跳舞蹈，创造了“虎掌舞”这种图腾崇拜的祭祀舞蹈。

白沙坡村的村民介绍说：“虎掌舞”俗称“老虎笙”，又叫“跳老虎”。一般是每年正月十二至十五日举行，现在主要是在正月十五日举行。“虎掌舞”由18名男子表演，由请山神、扮虎、跳虎、送虎、吃虎肉、庆祝活动等六部分组成。

正月十五这天，火红的马缨花染红了白沙坡村，小山村变成了一个花团锦簇的巨大舞台。强烈的好奇心驱使我走进白沙坡村，跟随虎队去领略这神秘的“虎掌舞”。中午，神秘的祭祀舞蹈徐徐拉开序幕。村里的领头人带领全村每户一人到后山的神庙请山神，献上村民捐献的三牲醴，“求山神保佑大家好脚好手，平平安安！”

夕阳西下，扮虎者到村子后面的土主庙装扮。只见领头即山神扮成老人模样，头戴草帽，身披长袍，手拿响铃，肩扛竹竿，竹竿上挂着宝葫芦。扮猫者头戴草帽，把面部和手脚用黑颜料画成猫的花纹，乖巧又狡诈。扮虎的男子则是赤裸上身，将毡子披在身上做虎皮，用棕叶将头上和身后的毡子捆扎成老虎的耳朵和尾巴，脸部和裸露的胸部、手臂和腿部用黄、白、黑三种颜色画上老虎花纹。另有五人用钹、锣、腰鼓、羊皮鼓等打击乐伴奏，衣着打扮与引舞者相同。村民告诉我，扮虎者是虎神的化身，不能随意跟虎神讲话，更不能被老虎的尾巴碰着，这样就不吉利了。

夜幕降临了，白沙坡村更增添了神秘感，只听见夜色中传来山神威严的声音：“请注意，老虎进家啦！老虎要一要，家家门前要一要，金银财宝要进家，五谷禄米要进家，平安顺利要进家，疾病瘟疫要出去，灾星八难要出去。”跳虎队依次在各家院子里围圈跳起“虎掌舞”。

夜色更浓了，跳虎队来到村子的广场上，乐队演奏起来，舞蹈队跳起来。且看山神威严地在“老虎”前面引舞，装扮成老虎的男子们和着鼓点，用身体表达着一种神秘的祈盼：“虎拜四方”“虎穿花”“虎翻身”“虎解手”“虎花笙”“虎挫身”“虎玩要”“虎合脚”“虎种田”……每个动作都惟妙惟肖。在舞蹈过程中，还演唱表现二十四节气等农事活动内容的二十四虎令词，演唱曲调以当地彝族小调为主。舞蹈在于告诫村民：一年之计在于春，过了正月十五就进入春耕农

忙季节，各家各户要按节令栽种各种农作物。

舞蹈结束了，全村人按习俗把老虎送至村东并煮老虎肉吃，表示各家各户的灾星八难已经被老虎驱除。

最后，庆祝活动开始了。在月琴和笛子的伴奏下，踏着散发着清香味的松毛，本村和邻村的男女老少上千人围在寨子中的广场上跳“老虎笙”，大家边唱边跳，通宵达旦。

白沙坡村自清朝开始跳“虎掌舞”，延续至今已百年有余，是彝族先民虎图腾崇拜的传习，有很高的人类学、民俗学、历史学价值。“虎掌舞”是一种祭祀性的仿生舞蹈，被称为中国彝族虎文化的活化石。

到了农历二月初九，绿汁江畔铜厂彝族乡芭蕉、里士和碧多村委会的彝族群众就会举行隆重的仪式庆祝“二月九”民俗节日，又叫“过小年”。

“阿老表，来跳脚，跳脚好玩呢，昨晚上你说好掉，你要来呢嘎……”是热情洋溢的彝族歌声召唤着我走进绿汁江畔的彝族山寨，去尽情感受彝家独具魅力的“过小年”民俗盛会。初春的早晨，置身于彝家山寨的高山之顶，鸟瞰四野，但见云海茫茫，仿佛置身于洪水淹天的远古岁月，感受着世界洪荒的时刻，在恍惚间，寻找着在洪水中漂浮的葫芦和葫芦里的仲牟由……

虎掌舞的妆束

火塘是彝族人传递文化的场所。彝族一家老幼，常常围火塘而坐，享天伦之乐，听长辈讲先祖的神奇传说，就这样彝族悠久的历史文化在不知不觉中传承下来。我们围坐在火塘边，喝着彝家酿制的甘甜米酒，听彝族老大爷讲述“过小年”的传说：

“汉武帝元封二年（公元前 109 年），派巴蜀兵击灭滇王同姓部落劳浸、靡莫，迫使滇王归附，建益州郡。但慑于地方政权的传统势力，仍授滇王王印，由其仍旧统辖当地彝族各部落。”滇王建立了严格的租税制度，横征暴敛，彝族群众忍无可忍，在彝族族长的带领下奋起反抗，于除夕之夜杀死敌首。当时满地鲜血，聪明的彝族人就用厚厚的绿松毛遮盖住满地的鲜血，在绿松毛上尽情欢庆，

通宵达旦还未尽兴。族长就决定在农历二月初九这一天补过除夕，也叫“过小年”，以庆祝彝族群众翻身当家做主。从此，铜厂乡的彝族群众就用“踏歌”的形式纪念这次胜利，代代相传，形成固定的节日。

节日里的村寨洋溢着欢乐的气氛。按照彝族祖先延续下来的规矩，一大早，村民各家各户准备了丰盛的早餐，在家里祭拜祖先，请求祖先保佑四季平安、五谷丰登。然后大家共同装扮寨子：迎宾的大门用绿色的树枝装饰起来了，村子里的大晒场上空彩带飘起来了，大晒场地上绿油油的松毛铺起来了……只见男女老幼都穿上节日的盛装，人们走村串寨、探亲访友、互相拜年，其乐融融。

“虎掌舞”表达了彝族人对虎的崇拜

隆重的宴席安排在下午。

唱敬酒歌、喝拦门酒是彝族最高的礼仪。身着节日盛装的彝家姑娘组成的迎宾队伍整齐地站在村口的大道两旁，唱着“酒歌”喜迎八方宾客。彝家阿妹捧出一杯杯香醇的米酒，敬献远方的客人。喝一碗彝家的美酒，心就开始沉醉了。

夕阳西下，晚餐在一阵响亮的鞭炮声中开始了，敬酒仪式也就开始了。“阿老表端酒喝，阿表妹端酒喝，阿老表喜欢不喜欢也要喝，阿表妹喜欢不喜欢也要喝……”当好客的彝家阿妹们端着满满的一碗酒，唱着地道的原生态的“酒歌”向你敬酒，在热辣辣的兴奋中很快就陶醉在其中，主人和客人觥筹交错，人声鼎沸，晚宴渐入佳境。于是，客人醉了，主人也醉了。

正当主客饮酒正酣之际，晚会已经拉开了序幕，远乡近村的群众把村子里的大晒场围得水泄不通。村民们自编的舞蹈表演开始了。

一起观看节目的彝族朋友告诉我：按照村寨里彝族人的传统习惯，无论是节日还是婚嫁，篝火晚会跳葫芦笙，称为“老调”，所用的乐器是笛子、葫芦笙、三弦，但年轻人会跳的已不多了。随着社会的发展，现在篝火晚会首先跳“老调”，即晚上 12 点以前

“跳哑巴”

先由长辈跳葫芦笙，12 点以后再跳“新调”，由年轻人跳左脚舞。“过小年”后，就进入农忙季节，一直到火把节期间，不允许进行舞蹈娱乐活动。

说话间，欢歌笑语把晚会推向高潮，熊熊的篝火点起来了，悦耳的弦子弹起来了，彝家的调子唱起来了，仿佛是久违的默契，大家不分民族，不管是否认识，很自然地手牵手、肩并肩，围成一个个几十乃至上百人的大圆圈，欢跳左脚舞，彻夜狂欢。

令人欣慰的是，彝族文化得到有关部门的高度重视。1992 年，李贵良先生根据“跳哑巴”编导了彝族民间舞蹈《跳哑巴》，参加第三届中国艺术节展演，同年随《跳云南》剧组赴北京、天津等地演出。2006 年，“跳哑巴”和“虎掌舞”均被玉溪市人民政府列入民族民间传统文化保护名录。

弹着弦子的彝族俊小伙

龙泉河畔的悠闲时光

回到龙泉河畔，我们就回到了出发地，回到了生活的原址。一切出发，最终都要回归。回归，使我们燃起了再次出发的欲望，龙泉河畔的悠闲时光使我们充满了再次出发的力量。

在云南，山是抹不去的底色。在山间，流水是一首永不停止的生命欢歌。

最初的时候，山是潜伏在山间的，层层叠叠，没有尽头。最初的时候，水是流淌在山体上的，披荆斩棘，势如宝刀自成路径。之后，沿着水的光波，荡漾出了生命的纹路。因为有了生命的出现，山便从层层的山中晰出，水成了生命的源泉，于是，这片土地成了居所、成了故乡，有了名字和故事，有了经久的传说和永不停止的记忆。

水无形，窄处成溪，宽处成河，若再开阔些，便可成湖、成潭了。静水至深流，流水则不腐，这是对于一条河的写照。龙泉河，这是一条母亲的河，她起源于县城西侧山体的溶洞，承日月恩惠，载四季流歌，蜿蜒流入绿野平畴，裹挟天地的诗情浓意，拥有百川的万种风情，惠泽千家万户的泉水，不知疲倦、不分日夜地流淌，

滋润着绿野如屏的良田，培育出晶莹璀璨的稻米，酝酿出余味悠长的高原酒香，让一个地处滇中高原被连绵青山包裹的小城透出了水的活气、水的朝气和水的灵气。

易门县城水高城低。追溯龙泉河建设历史，远在明朝，易门就开始建设“水城”。然而历经历史沧桑变革，祖先始终未了的遗愿，成了一代又一代人难寻难觅的好梦。“明清易门县治城图”一度经历风雨，探寻着时光的答案，被世事所珍藏下来。岁月流转，人间多少繁华褪尽，进入新的历史时期，以科学发展观为指导，随着县委、县政府“生态立县”战略方针的确定，易门人民重建美好家园的夙愿厚积薄发，拢千年古泉之凝重，清溪几湾，碧池一泓，喷珠吐玉的泉水透着跌宕飞扬的韵致，重新被镌刻入小城的历史，坚持以水为特色，秉承历史文化渊源，再显古老易门现代风韵，突出了人与自然和谐发展的主题，建设“湖—山—河—屏”为一体的生态

城市和宜居城市成了全县人民的共同目标。“滇中水城”在历经百年沧桑之后重现了人间春色，并以她清幽雅静的自然环境、四季丰泽的风物人情吸引了四方宾客慕名而至。

自2006年龙泉河的建设开始以来，成为易门人民的集体智慧和共同期待，“滇中水城”建设的逐步实施，建成了以湖体、瀑布、桥梁、水景、广场、文化雕塑、古典长廊、绿化为一体的城市水系景观带。龙泉河总占地556.48亩，绿化面积301亩，水域面积146.17亩，苍茫的水体和景观紧密相连，覆盖了整个县城西部片区。龙泉河的建设，把自然生态景观建设与县城防洪体系、与龙泉河沿岸群众的长远利益、与人文历史传承与山形地势紧密结合，挖掘易门优良的民族传统和地方文化特色，塑造出人与自然水乳交融的景观效应，完善城市基础设施，增强城市防洪功能，创造优质人居环境，

九龙吐水

将环境优势转化为经济优势，带动招商引资步伐，促进社会经济协调发展。

“千古龙泉水，今朝入故城。惠民流日夜，犹似在山清。”诗韵如水，默默流淌真淳，在时光的检阅中，印证着一方山水创造的奇迹。

暖春的第一缕阳光抚过绿色的山岗，那片被山野染绿的气息就跌入了温暖的河床，行走于龙泉河畔，便是行走于诗情画意的原乡。这里，泉流奔涌、瀑布跌宕、幽潭深邃、湖光闪烁，绿树与清风较量，碧水与芳草比青。沿着湖边芦苇招摇的小径漫步，人行于天地间，远处不时吹来一缕清凉的湖风，散发着青涩的爽意，银白色的沙滩，亘古的擎天磐石，摇曳生动的芦花存活在《诗经》那“蒹葭苍苍，白露为霜”荡气回肠的诗歌里，让这一方水岸充斥着江南的味道。群嬉的鸟鸣啁啾，多情的鱼儿畅游在葱绿摇曳的芦苇丛中，为这一浅湖光注入了一抹明丽。风儿轻轻一吹，水畔那片片的绿荫就显得格外生动起来，月月有花，季季有绿，如画板般的色彩斑斓，花儿在水的衬托下分外艳丽妖娆，散发阵阵馥香，时而平铺、时而叠起，如梦如醉，如潮如汐，释放令人微醺的鸟语花香，清波荡漾，在水草的妩媚里氤氲飘散。

❶ 龙泉河边的“戏窝子”
❷ 易门人的休闲生活
❸ 铜书简
❹ 雨后的龙泉河

古人云：山得水而活。被四面青山环绕的龙泉河与易门小城唇齿相依，天然的地形地貌与水体的声、光、景、色相结合，形成动人的景观，淋漓尽致地展现山、水、城、人的和谐统一关系。在这里，别致而独特的景观设计，通过山的优势及水的灵动，将“滇中水城”深厚的人文历史和丰富的文化内涵融入城市生态景观，融史于景，寄情于物，塑造出人文与自然水乳交融的景观效应。龙泉河绿化面积达到301亩，绿地率均在60%以上；县城西部、西南部总水域面积达645.75亩，占县城建成区面积3.94平方千米的11%。同时，大力实施城区增绿补绿、拆墙透绿、街头绿地改造等工程。“十一五”期间，共投资两亿多元，改造、绿化、美化城市道路9条，里程15千米；新增路灯6600盏；新增城市绿地35万平方米，

1

2

3
4

城市绿地率达32.59%，绿化覆盖率达35.83%，人均公共绿地面积达12.8平方米。建成区有公园7个，公园面积均大于1000平方米，服务半径均达500米。有街头绿地8处，建成区公园、广场、绿地分布均匀。

在龙泉文化广场，首先看到的是以易门县名立意的“和谐易门”，它以中国传统的“门”与流动的水帘巧妙结合，人可在“门”中自由来去，人与自然和谐相融，充分体现了传统与现代的完美结合，反映易门自古为滇中要塞、入昆之门的历史，寓为平安之门、变革之门、开放之门、和谐之门。它立于易门入口的地方，迎接着南来北往的客人或是归家的游子，守候着一段不老的时光。还有用易门自产铜材制作的“铜书简”，它以书简形式，表达易门悠久的人文历史和深厚的铜文化内涵，展现易门人民在党的领导下，立足现实、继承传统、开拓创新取得的巨大成就。书简铸有铭文，记述了易门的历史渊源、水城建设的沧桑变化和龙泉河现状。广场正中的“天圆地方”则以《续修易门县志》中的治城图为蓝本，用“中国红”石材和易门自产铜材为料，制成一枚外圆内方的铜币，体现中国传统的天圆地方哲学思想：天道圆，地道方，方圆刚柔、动静相随、天地和谐。历史文化，以特有的方式一点一滴渗入人们的生活。面对昨天，畅想明天；面对过去，展望未来。

鸟语花香，石桥流水，翠竹如屏，繁花似锦，当然最让人惬意的莫过于那清澈纯净的泉水了，那一路欢快吟唱的，那一湖幽怨的，那一潭深邃的，无论是静是动，都如纱如雾、如泣如诉，拂面不寒，袅袅不绝。就是到了冬季也并不冷清，湛蓝的天空与芳草相牵，澄澈的湖水与群山相连，没有北方的冰天雪地，没有肃杀狂啸的冷风，几缕懒懒的暖阳照着那一碧浅滩，丰厚的植被葳蕤葱郁，水波中泛着淡淡的薄烟淡雾，人在湖边走，犹在画中行，绿树与繁花在那一缕薄雾的轻唤中，逐渐地舒展开来，反馈出生命的原色与葱茏。

羽鳞自乐坊

于是，以水为主题的景观便应运而生，“问渠哪得清如许，为

有源头活水来”，“源”以水井为形，清泉自井中涌出，寓意水源之源、洟源之源、生命之源，体现了水是易门人文之本、城市之魂的理念。而“一滴水”则立于蓝天之下，光泽照人，以水滴为形，取水之以柔克刚、滴水穿石的内涵，寓意易门人民建设美好家园顽强拼搏、锲而不舍的精神。“一元九龙”，“一元”取开始之意，出水之地，与易门古名“洟源”谐音，即大龙泉。从“一元”中喷涌而出的泉水，由九个龙头吐出，形成九龙吐水景观。点明“龙泉”的来历。轻歌曼舞的“音乐喷泉”，尽情展示着以水为主题的千般仪态，让这赋予人们生命的水再赋予人们生命的激情与活力。水，不仅仅是生命赖以生存的根本，更是人们对美好生活的期待、对幸福生活的向往和承载。

水与岸构成的阴阳和谐之美

山含情，水含秀，即使骄阳似流火，这明媚的龙泉河河

❶ 拾菌子

❷ 快乐之“源”

畔却因那水的多情与绿的旖旎而透出几分清凉，湖畔的垂柳正在迎风飘荡，像水袖招摇的绿野水仙，为你洗去一路的颠簸与尘土，各种灌木堆叠出蓊郁苍翠、如泼如泻的葳蕤绿意，如绵长悠远的江南清音。她总是温柔的、文静的、清新的、典雅的。她的身上有着历史的风月，有着人间的传奇，有着来自大众的手墨，于是，那些经久的传说和永不褪色的历史风月就会在这里得到一一呈现。

优美的自然风光与璀璨的历史文化紧密相连，形成了独有的景观特色。以古八景为底蕴的“八景归一”，即龟山夕照、烟寺晚钟、龙口泉香、屏山霁雪、玉洞晴云、寒潭夜月、马头山色、江岸飞虹，用福建青草石雕刻于八根石柱上，并配以古诗八首，把易门历史上著名的古八景集为一景。十二生肖是中华民族的传统吉祥物，是民俗文化的重要组成部分，此景观以石雕十二生肖散布于戏水沙滩之上，与周围景观融为一体，寓意传统文化与现代文明的和谐统一。“两廊三坊”，两廊：在原龙泉公园长廊的基础上，沿南北两山山腰修建，两条长廊似龙腾逶迤，在水体景观两侧如双龙出海、二龙戏珠。三坊：在两廊下方人行景观游路上建三座牌坊，牌坊上刻有楹联诗文，寓意“天时、地利、人和”。以铸铜雕塑展现易门“二月二”戏会场景。行走于龙泉河的路间、廊里、桥上，举目低头之间，总会被文化的气息所感染，那些精致的设计，又散发着来自民间的阳光气息和芬芳，是你所熟悉的、你所怀念的，又是一度被你所遗忘的，如今，统统回到了眼前，心里，梦中来。

“日出江花红胜火，春来江水绿如蓝”，也许一句古诗的引用，就可以激发人们无尽的记忆和想象。用不锈钢制作的“一窝菌”，以一窝生机勃勃、破土而发的野生菌为造型，体现易门丰富的野生食用菌资源及悠久的开发历史，寓意“菌乡易门”之美称。“拾菌”，以铸铜雕塑拾菌的生动场景，表现“菌乡易门”丰富的野生食用菌资源，是山区农民增加收入的重要渠道之一。

龙泉河畔，县城环境空气质量明显好转，城区大气污染指数小于100的天数在240天以上，烟尘排放得到有效控制，县城环境空

气质量综合评价为Ⅱ级，符合城市环境空气功能二类区的要求。县城饮用水水源水质达标率100%，地表水环境质量达到三类水质标准。

暮色四起，星光辉凝，一片片落月残星在湖光中溅起片片涟漪，水波浩渺，远与天接，波光粼粼，远山淡淡。这是一条欢快的河，人们沿着河道散步，游人的脚步轻叩镶嵌于青草花丛中的石板小路，不用脑子指引，步子自己沿线，心随步移，神思遐迩，像打了一路欢快的节拍，与流过的淙淙泉水相印合，仿佛不经意间，又听见了童年时代外婆吟唱过的童谣。这是一条安静的河，坐在绿草如茵的草坪上，静得

如诗如画的长廊

可以听见一草、一木、一风、一流云的走向，可以任晚风托举起一颗漂泊游移的心灵在恢宏的空间游离，在广场跳一段健身操、唱一曲悠扬的民间小调，想自己喜欢想的事，做自己愿意做的人。这是一条充满灵性的河，行走在这样的一幅诗情画意里，就是那丁香一样结着愁怨的姑娘，也会不小心跌进诗人的梦笔中去，飘落的油纸伞也幻化为了水中的莲蓬，载着诗人一颗寂寞的心随水远去，在世间留下如水的沧桑，千年的凝重，合着亘古不断的柔肠。

一轮圆月滚落水中，这一处风景在水影晃动中逐渐显得生动饱满起来，远方的游子开始结起了绵密无尽的乡愁。亲依龙泉河的易门小城是宁静的，她没有大都市的浓墨重彩，更没有鳞次栉比的建

筑，没有喧声闹天的音响，她矜持而淡雅、质朴而无华，依山而建，临水而居，连接着易门人民一段又一段平实无华的生活。

山，可静心；水，可怡神；绿，可养目；物，可启迪。一个人在龙泉河边静坐，记住一段历史的璀璨，品一份历史的凝重，生活中的苦涩与芬芳，都因这山的磅礴和水的灵气而显得疏浅，生活中的太多遗憾在这里被博大的山水所消解。一座有着悠久历史文化的小城，一份生活的写意与真情，一种人文的怀念与传承，在历史沉淀与现代艺术的交织融合下，自然而然形成了那份古旧与灿烂的味道，以自然的诗化山水、

“八景归一”

烟雨风情，深深地让我们找到记忆深处若隐若现的柔美情怀。或许这时候还需要的便是一种来自心灵深处的颤音与共鸣，或筝或箫，或笛或琴，还可或唐诗或宋词，与水天一色的湖光风物相得益彰，享受诗人的至尊与豪情，让这情景成为喧嚣熙攘的现代生活中至纯至美的生动歌谣了。

悠悠的龙泉河，流出一个城市的质朴与繁华。

一窝菌

悠悠的龙泉河，流过了一代人不老的记忆和追溯的童话。

本书重要历史文化内容中英文提要

一、大龙口森林公园

在县西1.5千米处，三山环抱，山脚下溶洞出一水东流，总面积12000亩，其中水域面积304亩，森林覆盖率99.1%，是集山、水、林、寺、洞为一体的综合性森林公园，民国著名画家董一道誉之为“滇西第一名胜”。园内的龙泉大寺，始建于清道光年间，重建于民国十四年（1925年），较集中地反映了滇中地区民国时期的建筑风格。2001年9月，公布为玉溪市级文物保护单位。2012年1月，公布为云南省第七批重点文物保护单位。

Part Ⅰ Dalongkou Forest Park

About 1 500 meters in western Yimen County of Yunnan Province, surrounded by three mountains with clear water flowing out from the cave in the central park to the east, Dalongkou Forest Park covers a to–tal area of 12 000 mu (about 800.4 hectares), including the water area of 304 mu (about 20.28 hectares) and 99.1% forest. The park is a compre–

hensive park with temples, trees, caves, mountains and water. In the Republic of China, a famous painter Dong Yidao once highly praised it as "No. 1 scenic spot in Western Yunnan." Originally built during the period of Emperor Daoguang in the Qing Dynasty and rebuilt in the fourteenth year of the Republic of China (1925), Longquan Grand Temple in the park represents a typical construction style during the Republic of China (1912–1949) in the centre of Yunnan. In September of 2001, it was listed as a cultural relic by Yuxi city. In January of 2012, it was listed as the seventh group of the provincial major historical and cultural sites.

二、静乐庵

位于易门县北六街镇茶树三贤村后的山箐中，占地28亩，坐东朝西，南、北、东三山怀抱，山门外有5株两人才能合抱的翠柏。寺内外清雅幽静、古柏飘香。据寺内所立的“无额碑”记载，静乐庵始建于西汉，扩建于唐，复修于清乾隆三十五年（1770年）和清光绪三十四年（1908年），较完整地保存了清代旧式建筑风格。寺后有两株茶花，花大如碗，两泓泉水，流入庵内，清冽甘甜。2001年9月，公布为玉溪市级文物保护单位。

Part Ⅱ Jingle Nunnery

Jingle Nunnery is located in the valley behind Sanxian Village, Liujie town, in the north of Yimen county, surrounded by mountains on the south, north and east. The nunnery covers an area of 28 mu (about 1.87 hectares) and faces the west against the eastern mountains. Outside the gate are five thick green cypresses,

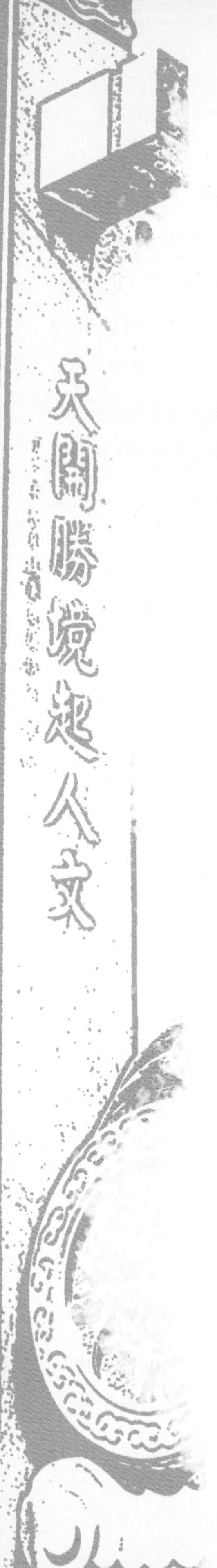

with the fragrance from around this quiet and peaceful place. The cypresses are so huge that two men can just get their arms around. According to the inscriptions on a titleless stele, Jingle Nunnery was originally built in the Western Han Dynasty(206 B.C.–24 A.D.) and extended in the Tang Dynasty. Later it was renovated twice in the 35th year of the Qing Emperor Qianlong's reign (1770) and in the 34th year of the Qing Emperor Guangxu's reign (1908). The ancient Qing Dynasty building style remains unchanged and is preserved very well. Behind the nunnery are two camellias. When in blossom, the flowers are as large as a bowl. Two springs flow into the nunnery, clear and sweet. In September of 2001, it was listed as the city historical relics protection unit by Yuxi city.

三、易门恐龙

脚家店恐龙化石群位于易门县十街乡脚家店，保护面积约十平方千米，属早侏罗纪，距今 1.8 亿年的原虫蜥脚类恐龙——杨氏易门龙。经 1987 年和 1993 年两次发掘，共出土十余具恐龙化石，获取化石标本数吨。1998 年，有两具复原的完整化石代表中国参加在美国东部费城举办的国际恐龙博览会。脚家店地区恐龙化石是云南省仅次于禄丰的第二个恐龙化石重要分布区，个体多、数量大，保存完整，时代延续长，对研究恐龙起源和演化有重大科学价值，国内外专家和学者多次到实地考察。2001 年 4 月，公布为市级玉溪文物保护单位。

Part Ⅲ Yimenosaurus

Located in Jiaojiadian village, Shijie town of Yimen country, Jiao–

jiadian Dinosaur Oryctocoenose dates back to 180 million years ago, the early Jurassic, and covers an area of 10 square kilometers. These dinosaur fossils named as Yang Yimenosaurus are a new genus of prosauropods found in Yunnan province. In 1987 and 1993, archaeologists dug out fossils of more than ten dinosaurs and got tons of specimens. Later in 1998, two fully renovated dinosaur fossils were sent to the International Dinosaur Expo. held in Philadelphia in the eastern America for China. This oryctocoenose is the second important dinosaur fossil distribution area after Lufeng's in Yunnan Province. The large number of individuals, complete preservaton, and the long time continuation are precious and valuable for the scientific research of the origin and evolution of dinosaurs. Many specialists as well as experts from home and abroad have investigated Jiaojiadian more than once. In April, 2001, it was listed as the city historical and cultural protection unit by Yuxi city.

四、香树坡厂

香树坡厂为史上滇中地区最大的铜矿开采地，距易门县城五十余千米，位于绿汁江大峡谷狮山山腰。相传自明朝开槽采矿，康熙年间移至江东岸三家村，俗称三家厂。乾隆五十二年（1787 年）始，年供京铜六十余万斤。自 1953 年易门铜矿成立，历经半个世纪的大规模铜矿开采，现已闭坑封井，唯有江流和巨石可供今人追溯古代铜矿开采之盛景。

Part Ⅳ Xiangshupo Copper Mining Site

About 50 kilometers away from Yimen county, Xiangshupo Copper Mining Site is located in the Lüzhi River Grand Canyon, halfway up the Lion Mountain. It is the biggest copper mine in the history of the central Yunnan Province. According to the legend, people originally mined copper in the Ming Dynasty. Then in the period of Emperor Kangxi (1662–1722), the mining site was moved to the east bank of Lüzhi River of Sanjia village, commonly known as Sanjiachang (Sanjia Plant). In 1787, the annual copper production which the mining factory offered the central government in Beijing was up to 600 000 kilograms. In 1953, Yimen Copper Industry Co. was founded. However, with a large scale of mining for more than fifty years, all pits are shut down now. Today, only the deserted mining sites remind the visitors of the prime time in the past. Only Lüzhi River and huge rocks witness the great prosperity of ancient copper mining days.

五、李忠窑

相传为明末清初来自江西景德镇的兵士李忠创建，在易门县浦贝乡下浦贝村东北的陆家箐，面积 5300 平方米。在勘探和试掘中，发现 3 条窑床遗址，出土了碗、盘、罐、盆、杯、碟等青釉、绿釉和酱釉青花瓷器。器物形制、工艺特点及组合与玉溪古瓷窑相似，是研究滇中地区和云南青花瓷器发展演变的重要史料。2006 年 6 月，被易门县人民政府公布为县级文物保护单位。

Part V The Ruins of Li Zhong Kiln

It was said that the Ruins of Li Zhong Kiln was built by a soldier named Li Zhong from Jingde town in Jiangxi Province during the period of the late Ming Dynasty and the early Qing Dynasty. Located in Lujiaqing in the northeast Xiapubei vil–lage of Yimen county, it covers an area of 5 300 square meters. After exploration and digging, three kiln beds and some porce–lains, like bowls, plates, pots, jars, basins, cups and saucers were found. The glaze of those blue and white porcelains varies among celadon, green and brown. The shapes of the porcelains and the makers' craft resemble that of the ancient porcelains of Yuxi in many ways. It gives us a priceless base from which we can study the history in the central Yunnan and the development of blue and white porcelains in Yunnan. In June of 2006, the Ruins of Li Zhong Kiln was listed as the county historical and cultural protec–tion unit by the People's Government of Yimen.

六、易门四大名菌

易门县特殊的地貌、气候和良好的生态环境，使易门的野生食用菌以品种全、数量多、品质优、口感好而闻名全省。其中尤以干巴菌、红土鸡㙡、美味牛肝菌和铜厂黑松露为著，号称易门四大名菌。每年的 7~9 月是易门菌子生长和交易最活跃的时期。从 2005 年举办第一届“中国·云南野生食用菌交易会”开始，至 2014 年已历经 10 年，易门野生食用菌已形成一定规模及品牌效应，易门县成为云南省著名的鲜菌及菌类深加工商品交易和集散中心。在每年 7 月 20~26 日为期一周的野生食用菌交易会期间，大量新鲜的野生食用菌、菌类商品、各种名特产品在易门县集中交易。这个时节到易门体验山野采菌，购买带着泥土芳香的新鲜菌子，享受新鲜野生食用菌现烹现吃的长街宴，是最佳的休闲选择。

Part Ⅵ Four Famous Fungi in Yimen

Owing to the special landforms, climate and good ecosystem, the wild edible fungi in Yimen, especially Sparassis, Termitornyces, Porcino and black truffle in Tongchang town which are called "Four Famous Fungi in Yimen", are distinguished in Yunnan Province for their types, quantities, quality and taste. Every year, from July to September, it is the best time for fungi to grow, and it is also the busiest fungi trade time. In 2005, the first Yunnan wild Edible Fungi Trade Fair was held. From 2005 to 2014, it has been held for 10 years and gradually takes shape and wins a good reputation. Now, Yimen county comes to be a famous fresh fungi deep processing, trading, collecting and distributing center in Yunnan Province. Each year, the Wild Edible Fungi Trade Fair lasts a week from July 20th to July 26th. Numerous fresh wild edible fungi, products from them and various specialities are sold in Yimen. At that time, visitors can pick fungi, buy fresh fungi and enjoy Long Street Banquet. This is really the best moment to relax and refresh.

七、易门豆豉

易门县气候温和，生态环境有益黄豆生长，浦贝和县城附近居民以本地黄豆为原料，加配各种作料，用大龙泉、小龙泉、石莲寺、双龙潭等泉水制作的豆豉，爽口开胃，色味俱佳，是易门特产之一，名扬全省。豆豉原料分青豆、干豆两种。青豆为生长至七八成熟的黄豆。干豆为成熟后收获的黄豆，晾干贮藏，随用随取。易

门豆豉成品上分为干豆豉、水豆豉两类。水豆豉辣酱鲜红，豆仁嫩绿、红绿相间，望之令人食欲大增，入口后微酸回甜，清香驻舌、经久不散。用它做配料烹调鱼肉，更是别有风味。也可用来配粥做小菜，搭配米线、面条。

Part Ⅶ Yimen Douchi

The mild climate and balanced ecosystem in Yimen county make it an ideal place for the growth of soybeans So people in Pubei town and around Longquan town produce all kinds of seasonings with soybeans. Douchi, a kind of fermented soybeans, one of the specialities in Yimen, is made using spring water from the Big Dragon Spring, tle little Dragon Spring , Stone Lily Temple or Double Dragons Pond. Yimen Douchi has won a good fame in Yunnan as a refreshing appetizer with good color and delicious taste. The raw materials of Douchi are green soybeans and dried soybeans. Green soybeans are picked before they are fully matured while dried ones are mature soybeans stored for use at any time. Douchi mainly has two kinds, namely Black beans (dried Douchi) and natto. Natto is made of fermented green soybeans. This pungent soybean sauce with verdant ruby color and sourish sweet taste makes people mouth watering, It is a good choice to cook fish and meat. It also can be a relish to eat with porridge, rice noodles or noodles.

八、谷花鱼

谷花鱼是在稻田里养殖的十分生态的鲫鱼和鲤鱼。很久以来，在易门县绿汁、十街热河谷地带，农户就独创了在稻

田里养鱼的技术。在每年秧苗刚返绿时，把适量鲫鱼和鲤鱼鱼苗放入稻田，鱼在浅窄的水田里以杂草、虫子和微生物为食，又因水温较高，鱼苗生长速度很快。特别是稻谷扬花之时，田里的鱼以吞食水稻落英果腹，所以得名“谷花鱼”。在稻花落尽，谷子将成熟之前，放干田水晒田捞鱼，鱼儿长得体态金黄肥美，大小适中，食之肉质细腻、香鲜俱全、汤味甜美，因生态味美、营养丰富，被食客广为追捧。

Part Ⅷ Rice Flower Fish

Rice Flower Fish are crucian carps or carps， being raised in paddy fields. For a long time, people living among the hot valleys of Lüzhi River and Shijie Town have developed the way of feeding fishes in the rice fields. Every year, when rice seedlings turn green, farmers put young crucian carps and carps into paddies. They live in the shallow paddy fields and feed on weeds, bugs and micro–organism. The water temperature is a litter higher, so the fish grow fast. When the rice is flowering, the fish live on rice flowers, so they are called Rice Flower Fish. By the end of rice flowering and before the rice is mature, farmers drain the fields to catch fish. At this time, fresh, delicate, delicious fish, golden yellow, fat, and good to eat, entice the diners.

九、马头山

马头山，一座轮廓酷似马头的山，位于易门县南部，总面积 38 平方千米，最高峰 2364 米，从安易公路、大军公路、易峨高速公路进入易门都能看得到此山马首昂然的样子。山上流传着彝族关于仲牟由的传说，另有古代战场遗址景观。明万历二年（1574 年），云南巡抚派兵镇压了莽甸彝族起义，官府在马头山进行所谓的“斩马誓蛮”，所以此山又叫斩马山。马头山是景东茶马古道的必经之路，山下是十街河谷，物产丰富，山顶紧靠铜厂冷凉山区，盛产林上林下资源。

Part Ⅸ Horse Head Mountain

Horse Head Mountain with an area of 38 square kilometers, situated at the south of Yimen, resembles a horse head. Its summit is 2 364 meters high. The high Horse Head Mountain can be seen from Anyi Road, Dajun Road and Yi'e Highway. A legend about a Yi man named Zhong Mouyou has spread in the mountain. An ancient battlefield site stands there for ages. At the second year (in 1574) of the Ming Emperor Wanli's reign, the Yunnan governor sent soldiers to suppress the Yi's uprising in Qiaodian, which is known as "Horse killing & Security promising". This is why the mountain is also called as Horse killing Mountain. Horse Head Mountain is a only station from Jingdong in the Ancient Tea-Horse road. At the foot of the mountain lies Shijie River Valley with abundant resources. The mountain top, connected with cool areas of Tongchan town, is rich in forest products.

十、陈世昌

陈世昌，字茂吉，易门县东门人，1901 年生。1921 年任易门县团队大队副，兼乡村师范体育教官。1934 年，派到楚雄常备队任分队长。1935 年 12 月，加入中国共产党。1936 年 4 月，红军进攻楚雄，他主动放弃雁塔山阵地。1936 年冬，组织“三街暴动”，后在易门组织游击大队，任大队长，率队坚持武装斗争到 1937 年底。1939 年冬，他经党组织安排赴延安。1950年回滇，任宜良专区副专员。1958年，因病回乡休养。1962年，病逝，享年61岁。

Part X Chen Shichang

Chen Shichang, courtesy name Maoji, from Dongmen village of Yimen, was born in 1901. He was chosen to be an assistant brigade in Yimen as well as a PE teacher in the countryside in 1921. Thirteen years later, he was sent to Chuxiong Standing army as the head of a squad. In December of 1935, Chen Shichang joined the Communist Party of China. In April of 1936, when the Red Army began to attack Chuxiong, Chen and his soldiers withdrew voluntarily from Yanta Mountain battlefield. In the winter of the same year, he plotted and conducted "Sangjie Insurrection" . Later, he went back to Yimen to set up a guerrilla and acted as its leader. From then on, he guided his men to fight fiercely till the late of 1937. Two years later, during the winter, the Party commanded him to go to Yan'an. It was not until 1950 that he went back to Yiliang county of Yunnan Province as a deputy magistrate. In 1958, he returned to his hometown and died a sick death at the age of 61 in 1962.

十一、王旦东

1905年，出生于易门县小街乡，原名王秉心。1926年，在昆明读书。1931年，在北平加入“北平反日大同盟”及所属的“北平世界语同盟”，并介绍聂耳加入“音联”，与他同台演出反日侵略节目。在北平美术学院任职时，虚心向齐白石、王悦之等名师学习，勤学苦练，全面掌握了素描、国画、水彩等基本要领，画艺得到精进。1936年，在昆明致力于抗日救亡活动，首创以云南花灯为宣传武器，进行民众抗战宣传，在云南花灯剧的发展上做出了巨大贡献。1953 年 9 月，王旦东担任云南省花灯团副团长。1973 年 11 月，病逝于安宁，享年 68 岁。

Part XI Wang Dandong

Wang Dandong, formerly called Wang Bingxin, was born in 1905 in Xiaojie of Yimen. At the age of 21, he studied in Kunming, the capital of Yunnan Province. In 1931, he joined the Peking Esperanto Union led by the anti–Japanese Union in Peking and introduced Nie' er to the Music Alliance. They performed shows about Anti–Japanese Invasion together. When he worked in Beijing Academy of Art, he modestly learned from some great painters, like Qi Baishi and Wang Yuezhi. With diligent study and hard–working practice, Wang Dandong made great progress and completely mastered the basic painting skills of sketch, traditional Chinese painting and watercolour. In 1936, he devoted himself to the Anti–Japanese activities in Kunming and became the first one to fight with a special weapon—Yunnan Lantern Opera. In September of 1953, Wang Dandong was assigned as the vicedirector of Yunnan Lantern Opera Troupe. In November of 1973, he died a sick death in Anning at the age of 68.

十二、孙兰英

孙兰英，原名施佩瑛，1927 年生于昆明。中学时代的她已经是一个富有正义感、充满爱国热情的青年学生，积极参加学生运动。1948 年 4 月，加入中国共产党。1948 年 8 月，孙兰英被党组织安排到易门领导全县地下革命工作。11 月 22

日，易门上定乡举行武装起义，孙兰英前往领导起义。当强敌来围剿游击队时，孙兰英让游击队解散撤离，而自己却留下来坚持斗争，12月8日，被敌抓捕，备受酷刑，威武不屈。18日，被敌杀害于旧县六里箐，时年21岁。被誉为“南疆丹娘”。

Part Ⅻ Sun Lanying

Sun Lanying, formerly named Shi Peiying, was born in Kunming. She was a middle school student with justice and patriotic enthusiasm and took an active part in the student movements. In April of 1948, Sun Lanying joined the Communist Party of China. She was sent to Yimen and assigned as the commander of secret agents in August of the same year. On the 22nd of the November, the uprising led by Sun Lanying herself was held in Shangding village (now Xiaojie town), but the guerrilla was beset by the powerful enemy. As the commander, Sun Lanying dismissed her comrades and asked them to withdraw immediately while she continued to fight. After being arrested on December 8, she was tortured by the enemy; however, she was still strong-willed and indomitable. On December 18, she was executed in Liuli valley at the age of 21. Sun Lanying was honoured as “Red Lady (a heroine in the Red Army) in the Southern frontier”.

十三、“二月二”戏会

明朝时候，易门坝子得到开垦，人们在大龙泉建闸分水为三部分，灌溉易门坝子及周边远至浦贝的田地。后来，为方便用水，把大龙口水灌溉的区域划为10个片区，以会相称，共10会。为了感谢龙对易门人民的恩赐和厚爱，人们便于每年农历二月初二日这一天，在大龙泉龙洞口献上三牲醴，开展祭祀活动，乞求龙的保佑。同时，还进行三天的演戏。因为这10个会的农田均用大龙泉水灌溉，所以“二月二”会戏就由各会轮流做庄主办，称为“二月二”会戏，后变称为“戏会”。“二月二”戏会，始于明末清初，一直沿袭，是易门县历史最为悠久、规模最为宏大、最具代表性的群众性民间文化活动，吸引了周边县市群众自发参加。现在，“二月二”戏会成为滇中地区一个重要的民族民间节日庆典活动。

Part XⅢ Lunar February 2nd Opera Fete

The Yimen seat was brought under cultivation during the Ming Dynasty. People built a sluice on the Big Dragon Spring to divert water into three directions to irrigate the farmland around the Yimen seat and the remote areas to Pubei. Later, for the convenience of irrigation, people divided the areas irrigated by the Big Dragon Spring into ten zones, and called them “hui” in Chinese, which means “group” or “part” in English. There were ten “hui” in total. In the hope of being protected by Dragon next year and showing their appreciation for the great charity and kindness, people gather at the gate of the Big Dragon Spring cave to offer the sacrifices to the God of Dragon and celebrate the day with various activities, including three–day opera performance on February 2nd of the Chinese lunar calendar every year. Because all farmlands are benefited from the irrigation of Big Dragon Spring, each “hui” holds the ceremony in turns. The ceremony was called “huixi” at first, which means Group Opera. Then it became Opera Fete. Started from the late Ming Dynasty and early Qing Dynasty, Opera Fete has been held without a stop. It has be–

come the most typical folk cultural mass activity with the longest history and the largest scale so that many people from other cities join it willingly. Today, Opera Fete on February 2nd has developed into an important folk ceremony in the central Yunnan Province.

十四、绿汁江大峡谷

绿汁江大峡谷是远古及喜马拉雅造山运动和绿汁江水冲刷而成，位于县西 44 千米，由北向南随绿汁江蜿蜒而下，长约七十千米，东西宽 30 千米，面积达 2100 平方千米。峡谷区内皱褶、断裂十分发育，河谷深切，高山比栉，悬崖陡立，地堑天成。最高海拔 2446 米，相对高差 1380 米，著名的七十二道弯盘山公路从云山雾海中盘旋潜入谷底，沿途景观变幻万千。滇铜古镇盘踞于谷底绿汁江畔，20 世纪采矿业铜矿遗址成规模留存。绿汁江峡谷区不仅囊括了南亚热带气候和北亚热带气候等多种类型，动植物资源丰富，还在不同山体和海拔地带栖居着汉、彝、哈尼等民族，民风淳朴，民俗风情绚丽多彩，堪称集峡谷绝景、工业文明、独特的民族风情为一体的滇中游览胜地。

Part XⅣ Lüzhi River Grand Canyon

Situated about 44 kilometers in the western Yimen of Yunnan Province, Lüzhi River Grand Canyon is about 70 kilometers long and winds down the Lüzhi River from north to south. The distance from the east to the west is 30 kilometers, covering 2 100 square kilometers. The canyon was formed by the interaction between the Himalayan orogeny and the erosion of Lüzhi River. Folds and faults in the canyon are fully developed. Deep valleys, towering mountains, steep cliffs and natural grabens are Mother Nature's masterpieces. The highest altitude is 2

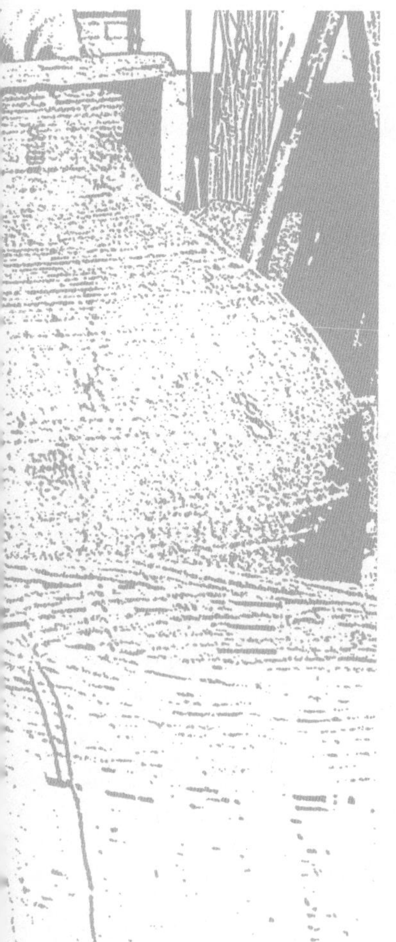

446 meters and the relative height is 1380 meters. The road from Yimen town to Lüzhi River Grand Canyon is well known for its 72 turns from the mountain top to the bottom of the valley, just like from the clouds into the depth of the valley with the dazzling and amazing scenery along the whole road. The ancient copper town lies in the bottom of the valley extending along the bank of Lüzhi River. Large scale copper mining sites are preserved well from the 20th century. At different altitude live different ethnic groups, for example, Han, Yi, and Hani.They are simple and sin–cere. The climate in the Grand Canyon vaies from south subtropi–cal climate to north subtropical climate. Here is so rich in animal and plant resources.Lüzhi River Grand Canyon is an attractive place of splendid views, industry civilization and ever lasting charming unique customs in the centre of Yunnan.

后记：滇中地理上回旋不已的文化传颂

面对漫无边际的文化疆域，任何述说都不可能穷尽每一个角隅，任何述说也不可能实现淋漓尽致的解构，任何述说仅是个体生命的表达。然而，这样的述说是必需的，我们相信无论是文化，还是历史，现实中一定充满了细节和情趣，充满了生命的温度，我们试图从文化散文的视觉描绘这些细节，还原生命在文化或历史中的迷人形态，于是，你看到了这本书。这本书，提供了一个角度，使我们能够从文化散文与口述历史的节点上重新审视我们生活于其中的文化或历史，但这不是终结，接下来，我们还将提供一个新的角度——一只鹰的角度，或者说超出个体生命视线的角度。但这也不是终结。我们希望今后有更多人，从小说的、诗歌的、文化学的、社会学的，甚至是哲学的，更多的角度去观照脚下这片赤壤覆盖的疆域，文化之疆域。

现在，让我们寻找一只鹰。

鹰出现的背景，往往与古老、辽阔、伟岸、神秘等人类向往的众多语词有关，让我们在鹰的速度和高度的牵引下进入滇中易门这片古老的地理疆域。现在，这只鹰已经出现在我们眼前，它就蹲踞在绿汁江大峡谷一块裸露的崖壁上，这是绿汁江岸常有的景致。这是我们在滇中见到的第一只鹰，它的脚下是翻腾不已的云雾，有江流的喧嚣隐约从云雾深处传来。这是绿汁江的颂唱，每一个声部都发自绿汁江不同的部位，有水流、有江石、有树叶、有鱼虾、有风声、有雨声，甚至云雾漂移的声音！所有细小的发声，经由峡谷巨大音效的放送，产生了一种交响诗般的颂唱。这场颂唱的幕起，可以追溯到远古和伟大的喜马拉雅造山运动。从公元前 109 年，古老的汉字记载了易门先民融入这场宏大颂唱的历史时刻，喻示着这片地理从此进入了人类文化的疆域。

现在，那只鹰已腾空而起，开始巡视它的领地，这是源自祖先的使命，它必须巡视这片古老的国土，我们必须紧跟鹰的踪迹，才能进入这场宏大的文化颂唱。腾空而起的鹰，看见了栖居在不同海拔的人类居所，看见了身着不同服饰的人类在山间河谷行走，这是它很久以前就明白的事实。很久以前，这些人类已经把这片疆域当作了他们的家园，他们耕作，他们歌唱，他们生育，他们和鹰共享这片山川和地理。它当然无从分辨这些人类属于汉族、彝族、傣族，或是哈尼族，但它能分辨出他们不同的发声，因为这些声音无疑来自这片疆域宏大颂唱的一部。腾空而起的鹰还看见了那支神秘的马队，他们在四季轮回中来来去去，往返于绿汁江峡谷和更远的区域，它当然无从知道绵延于山野的马帮驮负着一个名叫清的王朝，但它知道，散落在山间河谷的马铃声和吆喝声，同样属于这片江河宏伟颂唱的一个声部。现在，马队正朝着绿汁江边趋近，他们将在那里与另一群人类相遇，这些人类显然和先前看见的不同，但鹰的祖先已经看见过他们的来路。很久以前，他们就从遥远的疆域迁徙而来，他们的迁徙被明以来的中国史册所记载而成为人类历史上规模空前的人口迁徙的一个篇章。他们因为一种能发出神秘光芒的石块在此止步，他们说着各种各样的口音，显然不是来自同一片疆域，但这些口音很久以前就汇入了伟大的江河颂唱中去，鹰的祖先把这个秘密植入了家族记忆。现在，马队来到了江边，他们卸下了大米和盐巴，他们在等待对岸大船的到来。阳光从东岸巨大的山体倾泻下来，云雾向着幽暗的山谷撤离，屏风似的船帆在鹰翼下缓缓移动，红色的江水被巨大的船身劈开，数十名船工奋力挥舞船桨，满载着金光闪烁的滇铜驶向对岸，这是史书中反复呈现的影像，在这里，聚集着财富和梦想光辉的铜饼将从马背上启程，踏上迢遥漫长的滇铜运输长旅。

熔炼滇铜必需的神秘石块源源不断地从巨大山体中取出，据说这种会发光的石块远在汉代就已发现，石块中隐藏着绿汁江的秘密。清人吴其浚《滇南矿厂图略》和倪慎枢《采铜练铜记》为破解这个秘密提供了线索，书中描述了云南铜矿石“绿矿”迷梦般的色彩：墨绿、黄斑绿、豆青绿、穿花绿、松绿，前三者含铜量高。我们可以想象，在壁立千仞、云雾弥漫的绿汁江畔，初春的一阵细雨过后，水面初平的江水映照出了两岸岩壁上宛若雪花小豆般密布的铜绿，满江的绿啊，激发了古人以先知的智慧命名这条江——绿汁江——有铜的地方。全长 319.1 千米，流域面积 8613.4 平方千米的绿汁江，以众多的名字出现在它所经历的地理区域，但却在易门这片疆域上，以 58 千米短暂而跌宕起伏的流程，以裹挟着铜之灿烂光芒、民俗之炫丽妖娆，以“绿汁”的名义命名了它的全部生命历程，使我们在中国地理地图上看到了它蓝色的、曲线般的美。

绿汁江，从滇中高原禄丰县九龙山北麓开疆拓土便一路高歌南下，在川街小江口切入易门西境，沿途不断接受狮子山河、普厂河、米茂河、里士河、龙潭箐水、马鹿箐水、芭蕉箐河、扒河等众多河流的水量补给，以侵蚀和溶蚀的方式构筑了易门东、北、西高山峡谷，中部万亩平畴的地理地貌。在绿汁江万千屏障的另一面，易门先民们寻找到了另一片水波荡漾的栖居地，这是水鸟和绿色环绕的地界，千百年来，从仙源、洟源，到易门，经历了漫长的历史演变，创造了以水为灵魂的民族文化，成为这片疆域上动人心魄的文化颂唱。

穿行了无数个世纪的鹰仍旧回到那块在遥远地质年代拔地而起的崖壁上，以王者的姿势审视着它的国度。先前的图景已经回到祖先的遗梦中去，在鹰的视线中出现了公路、铁路两用的世纪桥梁，无以计数的铜矿石从幽暗的地下升起，在列车的轰鸣中经由世纪桥梁抵达绿汁江彼岸，它们将被吞吐巨量，喻示着现代工业文明的选厂反复咀嚼，幻化成散发着黑暗幽光的铜精矿，这是所有的铜矿石成为铜的前夜，经过了这一夜，矿石就可以成为真正的铜，只有从矿石修炼成铜，铜矿石才可以进入人类生活的凡俗而享受人世间一切荣辱和繁华，这是自古以来所有对人类凡俗生活充满无限梦想的自然之精灵的夙愿。为达成自然之精灵进入人类凡俗生活的夙愿，现代人类在绿汁江以下开辟了另一个王国，这个王国位于去往地心方向470米的路旁，这是一个灯火通明、彻底遗忘了黑夜，交通发达、绵延数百里的王国，生活在这个王国的人们或许是世界上最勤奋的人类，汗水和着湿热的雾水在他们的肌肤上凝成诱人的光亮。当然，他们也喝茶和聊天，在这当中，无数心怀梦想进入凡尘俗世的铜矿石被他们升起，送上通往人类文明的列车。

而在鹰可以看见的国度，一切都像春天一样弥漫了整个疆域。梯田似水纹般从云端逶迤而下，盘山公路从谷底随着云雾缓缓上升，人类的栖居地四周密布着树影婆娑的凤凰树，站在世纪中升起的绿汁江大桥，面朝峡谷中吹拂而来的温热的风，可以嗅到谷物的清香。这是初春栽种的味道。

《文化玉溪·易门》编辑组

2014年8月28日